母親が変わればうまくいく

第一志望校に合格させた母親がやっている子育て39

はじめに

「ふたりとも医学部って遺伝ですよね」とよく言われますが、私自身は中学受験は合格したものの、勉強嫌いで中学・高校と赤点だらけ。自己肯定感が低く、いわゆる中学受験の後遺症に悩まされた子どもだったのです。

私独自の子育て術「ぺたほめ」のルーツは、私が昔、つとめたニットデザイナーの仕事にあります。入社当初はデザイン学校卒の優秀な方たちと比較され苦しみましたが、働きながら夜間学校で勉強し、初めて自分の作品が採用された展示会（がんばりの見える化）で、私のセーター（がんばり）をたくさん購入（ほめられた喜び）いただけた体験に感動し、さらなるがんばりにつながって、その後、昇進もできました。

この「がんばりの見える化」と、子どものころにがんばれなくなった「自己肯定感の低さ」の反面教師を合体。これが「ぺたほめ」の誕生です。この実践により、自己肯定感が低かった私が、自己肯定感の高い息子たちを育てることができたのです。

息子たちが小学校4年生と2年生のときに離婚。大変な中でも「勉強しなさい！」とガミガミ叱ったことはありません。私が言われて嫌だったからです。

息子たちは勉強のかたわら、中高では運動部、文化祭リーダーや体育祭応援団長などで活躍しました。さまざまな青春を謳歌《おうか》し、私も全面的に応援。その結果、私たちには強い絆《きずな》が育まれ、息子たちは今でもよく一緒に食事や旅行に行ってくれます。


「ぺたほめ」は、単に受験合格だけではなく、その後の人生にも役立つ、【自己肯定感、コミュニケーション力、リーダーシップ、優しさ、思いやり、親子・きょうだい間の絆】これらすべてを兼ね備えた子どもに育てることを目標としています。

人生そのものを楽しめる子どもにしたい！　そして親子もきょうだいも一生仲良しでいたい！

これが私の子育てのモットーで、今ではすべてて叶《かな》ったと思っています。

この経験をもとに、子育てに迷う多くのお母さんとともに悩み考え、サポートしてきました。

そこでわかったことは「母親が変わればうまくいく」。

そのためにどうしたのか、この本にはそんなノウハウをぎゅっと詰めこみました。

1章 未就学児童編

2章

小学校低学年編

3章

小学校中～高学年編

4章
中学・高校編

「ぺたほめ®」は商標登録です

年表

年	長男 がいとくん	次男 けんごくん
1995年	0歳 長男として誕生	
1997年		0歳 次男として誕生
1999年	3歳（年少）幼稚園入園 「ママ塾」始める	
2000年	4歳（年中）英会話教室へ通う	3歳「ママ塾」始める 3歳児検診で発達の遅れ（人の話の理解ができていない）を指摘される
2001年	5歳（年長）小学校入学に向けてママ塾を強化	3歳（年少）幼稚園入園 おじいちゃんから将棋を学ぶ。長男の英会話教室についていく
2002年	6歳 小学校入学 水泳教室、そろばん塾へ通う 受賞多数「南区文化協議会長賞」（南区文化協議会主催第32回親と子の写生会）受賞、「第40回全市子ども会自由画美術展特選」受賞、作文「月見だんごづくり」京都新聞掲載、「第32回お話を絵にするコンクール 努力賞」受賞、「京都府小学中学高校生 写真コンクール3位」入賞、「緑化運動ポスター」入選	4歳（年中）詰め将棋の本が愛読書
2003年	7歳（小2）空手教室へ通う 受賞多数「消防の図画 平成15年銅賞」受賞、「京都府ユネスコ協会連盟賞」受賞、「第12回京都市小学校立体造形展」入選、作文「七草がゆを作ったこと」京都新聞掲載、「第7回ちびっ子 そろばんフェスティバル金賞」受賞	5歳（年長）1人詰め将棋を始める 水泳教室へ通う 6歳 ママ塾でそろばんを始め、小学校入学目前の3月からそろばん塾へ通う。長男の空手教室についていく 「第7回ちびっこそろばんフェスティバル金賞」受賞
2004年	8歳（小3）学校のバレーボール部へ入る 受賞多数「京都珠算協会主催珠算競技大会小学校3年の部」優勝、「第13回京都市小学校立体造形展佳作」受賞、「空手道部小等級」合格、「JAPEC児童英検2級」合格	6歳 小学校入学 サッカークラブチームへ入る 受賞多数「第13回京都市小学校立体造形展」入選、「第42回全市子ども会自由画美術展」入選、作文「ぼくのひみつきち」京都新聞掲載、「JAPEC児童英検2級」合格
2005年	2005年 両親離婚 母は仕事を始め、きょうだいはともに転校	
2005年	9歳（小4）進学塾へ通う 受賞多数「全国珠算教育連盟初段」合格、書「秋」が京都新聞掲載、「京都市小学校版画展」入選	7歳（小2）「第27回京都市小学生アイデア賞」入賞

10歳（小5）「第74回全国書画展示会書道の部銀賞」受賞	2006年	8歳（小3）受賞多数「京都珠算協会主催珠算競技大会小学校3年の部」優勝、「第7回瓦のある風景画展」京都市長賞受賞、「全国珠算教育連盟4段」合格、「第47回京都ユネスコ協会自然観察展 動物部門 京都市教育長賞」受賞
11歳（小6）「京都市小学生水泳記録会」小学校代表で4位	2007年	9歳（小4）夏期講習から進学塾へ通う
12歳「洛星中学校」合格・入学 バレーボール部へ入る。体育祭の応援団員になる	2008年	
	2009年	12歳（小6）「京都市小学生水泳記録会」小学校代表で6位 運動会で応援団長になる
15歳（中3）1月から医学部塾へ通う	2010年	12歳「洛星中学校」合格・入学 サッカー部と将棋部へ入る。体育祭応援団員になる 「第40回少年王将戦京都大会」3人の団体戦3位
15歳「洛星高校」進学	2011年	13歳（中2）夏期講習より医学部塾へ通う
17歳（高2）文化祭でリーダーになる	2012年	
18歳（高3）学校が楽しすぎて1日も休まず	2013年	15歳「洛星高校」進学 16歳（高1）「第2回京都府高校サッカー1年生（U－16）大会」で洛星初のベスト8に。全試合レギュラー出場
18歳「京都府立医科大学医学部医学科」現役合格・入学	2014年	17歳（高2）生徒会のメンバーになる。体育祭の応援団長になり優勝する。文化祭でリーダーになる 受賞多数「ライオンスペシャル2014全国高校生クイズ近畿大会」にチームで決勝戦進出、「科学の甲子園京都大会」優勝、「科学の甲子園全国大会」総合全国8位、インテル賞受賞
	2016年	18歳「京都府立医科大学医学部医学科」現役合格・入学
25歳「医師国家試験」合格 初期研修医として勤務	2020年	
26歳 初期研修医終了 専攻医として勤務中	2022年	24歳「医師国家試験」合格 初期研修医として勤務中

１回のがんばりを「ぺたほめ」することで、たくさんの人から何度もほめられ、自信が育ちます。この自信に満ちあふれた笑顔が次のがんばりへとつながるのです。

我が家ではこのように壁一面を使って「ぺたほめ」していました。まるで絵の展覧会のようでした。

1章
未就学児童編

1

自己肯定感を高くし、伸びる子を育てる魔法の方法「ぺたほめ」とは？

「ぺたほめ」とは、私が考案した〝ほめてがんばりを認める子育て術〟です。子どものがんばりを見えるところに「ぺた」っと貼って、たくさん「ほめ」ることを指します。本来、目に見えない「がんばりの見える化」が実現でき、その結果、子どもは何度もほめられることとなり、がんばりを認められることで「やる気」と「自信」が育ちます。

「ほめる」のは難しい？

「ほめると伸びる」ことは知っているにもかかわらず、いざ我が子となるとほめ方がわからない、難しいというお話をよく聞きます。しかし、この「ぺたほめ」は、誰でも我が子を「ほめて認める」ことが簡単にうまくできる画期的な方法なのです。

突然ですが、みなさんのお子さんは自己肯定感が高いでしょうか？

自己肯定感とは、「自分のよさを積極的に認める感情」で、具体的には、「自分はすごい！」「自分はがんばればなんだってできる！」「自分は愛されて必要とされている！」などでしょうか。

4カ国の高校生を対象とした調査で、**日本の子どもたちは自己肯定感が低い**という結果があります。「私は人並みの能力がある」（図A）と思っている日本の子どもの少なさには驚かされます。比較されているアメリカ、中国、韓国とは比べ物にならないほど低いのです。ここで注目してほしいのは、国際的な学力調査では学力、能力は諸外国の子どもたちにおとっているどころか、トップレベルという点です。能力があるのに、「能力がな

図A 私は人並みの能力がある

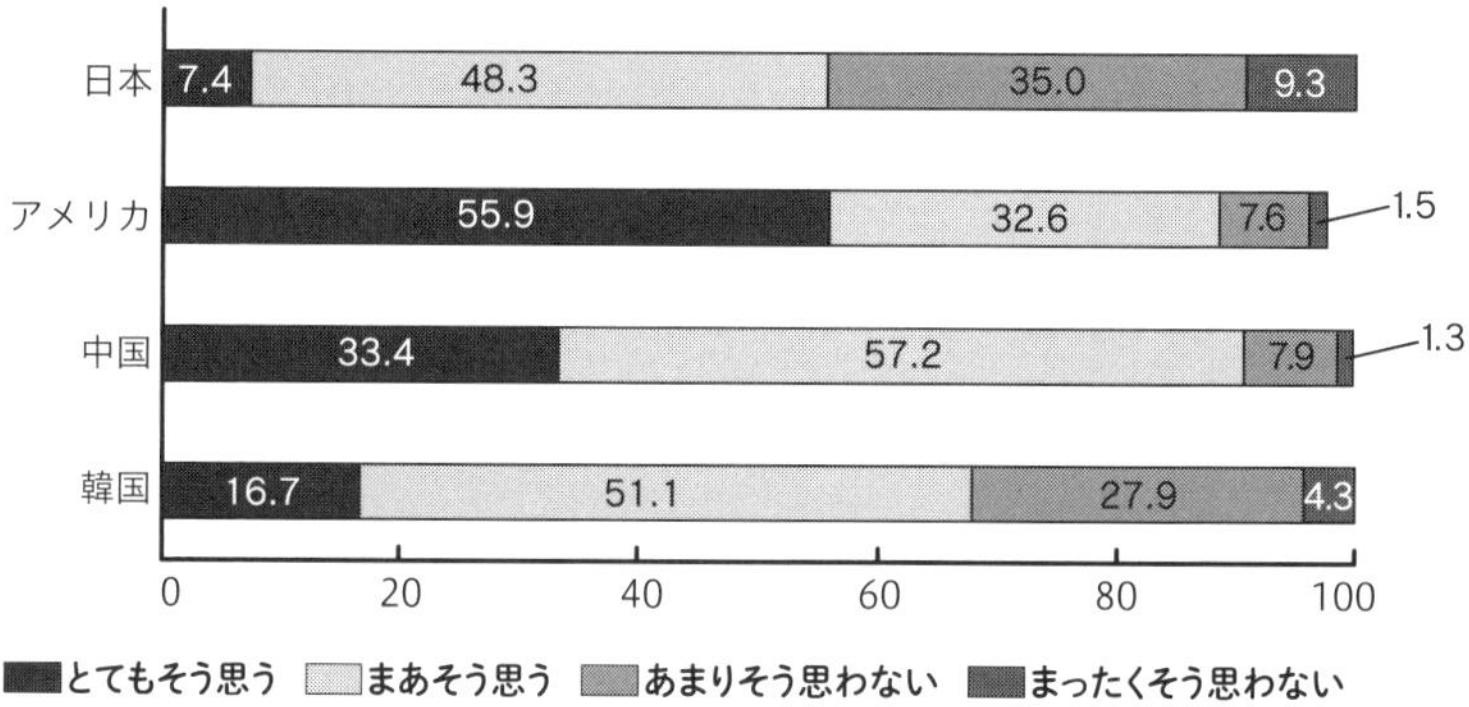

※高校生の生活と意識に関する調査報告書（独立行政法人国立青少年教育振興機構、平成27年）の結果から作成
各国の数値の単位は％

い」と思っていることが一番、問題なのです。

「自分はダメな人間だと思うことがある」（図B）の問いには7割以上が「そう思う」ですし、「私は、自分自身に満足している」（図C）の問いでは、半数以上が「そう思わない」と答えています。これはショック。どちらも諸外国とは比べ物にならないのも非常に気になります。

自己肯定感が低いと自分を認められないので、同じように他人を認めることも苦手になりがち。他人をほめることが下手になり、コミュニケーションがうまくできないケースも多いようです。自信が持てないだけに不安感も高くなるでしょう。

子どもがすぐ、「できない。ママがやって〜」と失敗を

図B 自分はダメな人間だと思うことがある

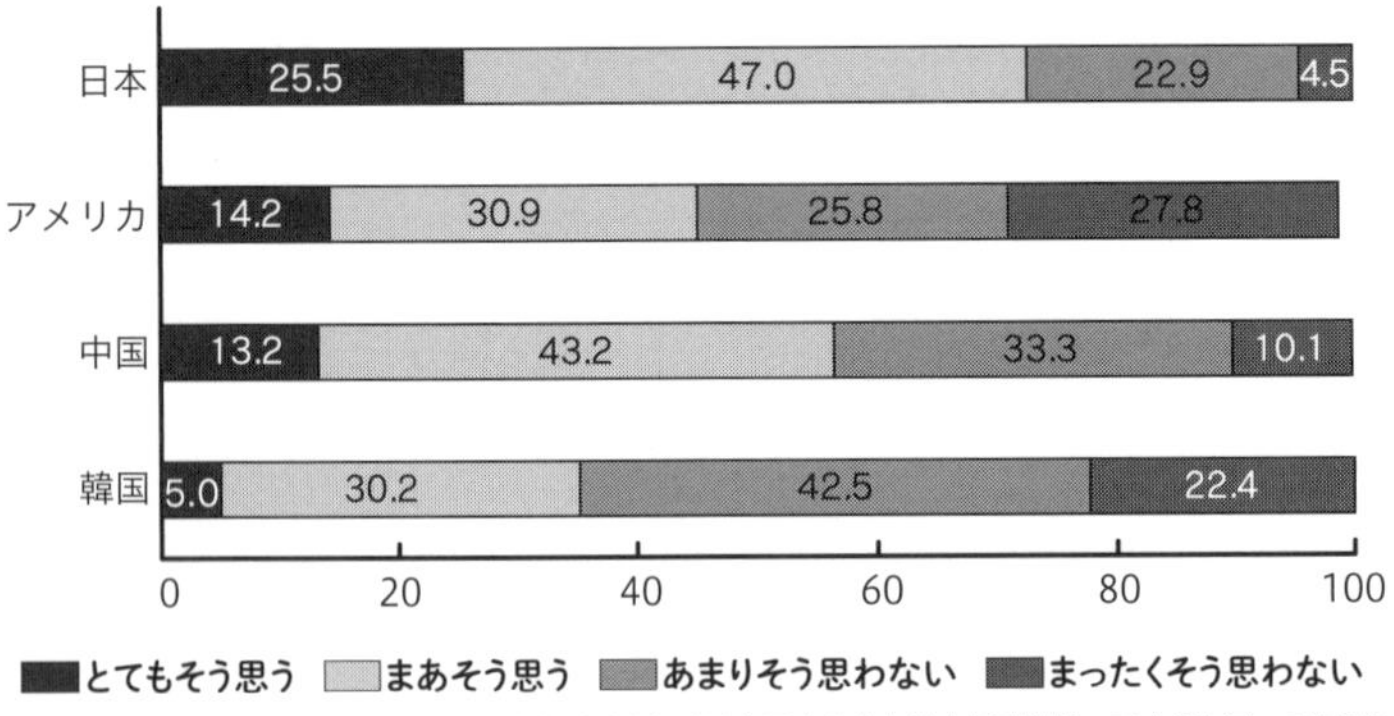

※高校生の生活と意識に関する調査報告書（独立行政法人国立青少年教育振興機構、平成27年）の結果から作成
各国の数値の単位は%

おそれてチャレンジしない、自信が持てないようなのでどうしたらいいか、という相談をとてもよく受けます。でもその原因は、お母さんにあるのかもしれないのです。

　日本人は他人に迷惑をかけることを悪とし、謙遜《けんそん》を美徳とする文化があります。電車などで少し騒いだ子どもをどなっているお母さんをたまに見かけますが、**怒ることは子どもの否定、自信のなさにつながります。**お母さんは子どもを怒るよりも、周囲への配慮を優先したほうがいいと思うのです。「うるさくしてすみません」と気持ちをこめて言えば、多くの大人は、「子どもは騒ぐのが仕事みたいなものだから大丈夫」と温かな気持ちで見てくれるかと思います。

　平均の輪にいることで安心しがちなのも日本人の特徴ですが、それがさらに自己肯定感を低める一因でもある

図C 私は、自分自身に満足している

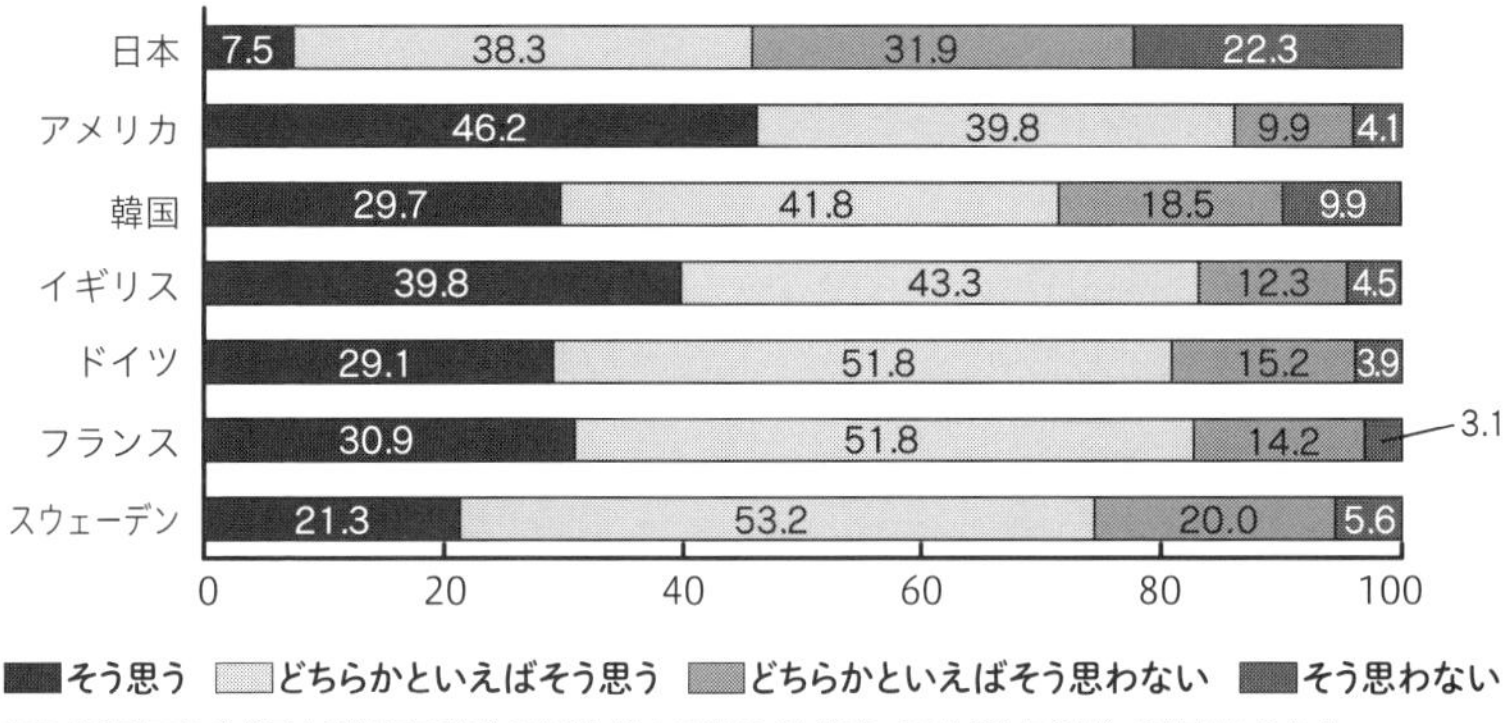

※平成25年度 我が国と諸外国の若者の意識に関する調査（内閣府、平成26年6月）の結果から作成
各国の数値の単位は%

と私は思います。お母さんが「みんなと一緒」を重視すると、できていることはさておき、平均よりおとることばかりに目がいってしまい、「○○ちゃんはできるのに、あなたはどうしてできないの？」といった発言が増え、子どもはお母さんから否定されることが多いと感じてしまいます。

周りの人から「Aちゃん、○○ができてすごいね」とほめられることがあっても、横に我が子がいるにもかかわらず、「いえいえ、そんなことはないんですよ。家ではだらだらしていて……」などと、ほめられたことをかき消して、わざわざ悪いところをおおげさに言ってしまったりしていませんか。そんな謙虚な自分を正しいと思っている方も多いのではないでしょうか。

お母さんが人前で「できない」と言えば言うほど、子どもは「お母さんは私を出来の悪い子だと思っているんだ」「家でほめてくれたのはウソだったんだ」ととらえて、「自分はできない子」「おとっている子」と思いこんでしまうのです。日本人の**「謙虚は美徳」を重んじるあまり、実はお子さんの自己肯定感を下げてしまっているのです。**「ほめる」って難しいですね。

できないところを直してあげようという親心はわかるのですが、子どもの立場に立って考えてみてほしいのです。**子どもは大好きなお母さんにほめてもらうことが生きがいなのですから。**

2016年に、息子たちが通っていた泉山《せんざん》幼稚園（京都市東山区）の保護者様66人にアンケートをご協力いただいたところ、「ほめることがよいとはわかっている」の回答は「はい」が100％でしたが、85％の方が「我が子のほめ方がわからない、難しい」と答えられました（図D）。だからこそおすすめしたいのが「ぺたほめ」なのです。

ちなみにうちの息子たちは、「がんばればなんだってできる」と思っています。小学生のころから「どこから自信がわいてくるんだろう」と思えるような発言もしていました。なるべく小学生までに、自己肯定感を高くしてあげることが大切だと思っていましたが、「ぺたほめ」は、何歳からでも自己肯定感を高くすることができます。

図D 我が子のほめ方がわからない、難しい

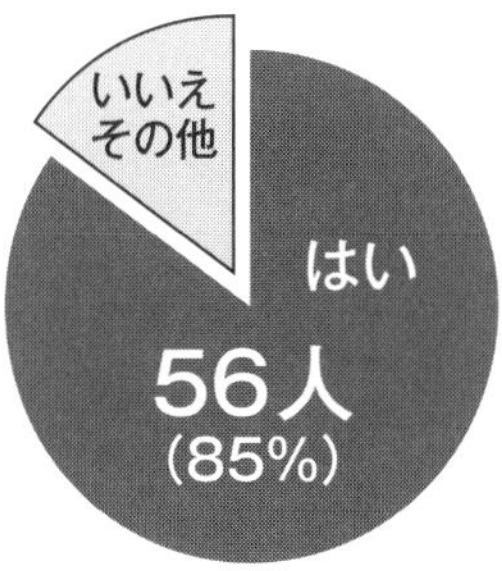

※ 2016年 泉山幼稚園の保護者様66人のアンケート調査結果から作成

2 息子ふたりを医学部に現役合格させた「ぺたほめ」のやり方　基本編

「ぺたほめ」の具体的なやり方に移りましょう。子どもが描いた絵やプリントなど、なんでもよいのでがんばった証を「ぺた」っと貼って、たくさん「ほめ」るだけ。方法はいたってシンプルです。お子さんから「ママ『ぺたほめ』して～」って言いやすいネーミングにしてみました。

例えば我が家では、まず子どもが描いた絵を壁に貼り、ほめる。翌朝、その絵を見ながら私が、

「昨日、がんばって描いたよね～。えらかったね」

と、またほめます。後日、おじいちゃんとおばあちゃんなどの来客があれば、

「上手に描けたね」「素敵な絵じゃない」

とほめてくれるので、そこでまた私が、

「2時間もかかって、がんばって描いたもんね～」

と、またまたほめる。

わかりますか？　これが「ぺたほめ」のすごさなのです！

息子たちは絵を描いた1回のがんばりに対して、何度も何度もほめられていますよね。これは子どもにとって、とてもお得なのです。さらにお母さんは、来客がほめやすいように誘導することもポイントです。もし来客がほめなかったら、「これ昨日描いたのよ。すごいでしょ？」とお母さんから誘いかけましょう。「来客がない家はどうするの？」ともよく聞かれますが、その場合はお母さんが何回もほめればいいのです。

ほめられる数＝やる気・自信・次のがんばりにつながりますから、数が勝負なのです。たくさんほめられると、たくさんのやる気と自信が育ちます。実際にうちの息子たちは「明日、おばあちゃんが来るなら絵でも描こうかなあ」って、「ぺたほめ」されたさで絵を描いていましたから。

「うちだって絵は貼ってます」と言う方もおられるでしょう。ただ「ぺたほめ」は、単に貼るだけではなく、「ほめるツール」として使う〝作戦〟を秘めています。重要ポイントは次の3つ。

①貼る場所
②貼るものは自己申告制
③貼れないがんばりはシールで「見える化」

①貼る場所は、家族が毎日長時間過ごすリビングやダイニングにすること。みんなが何度も目にすることで「がんばり」がより目立ち、たくさんほめてもらうことができるからです。子ども本人と来客からよく見える場所に貼ってくださいね。

②貼るものは、子どもによる自己申告制にすること。「絵が下手だから貼れない」「プリントにバツが多くて貼りたくない」とおっしゃる方もいますが、違うのです。立派でよいものを飾るのではなく、まず子どもに「これがんばったの？」と聞いて、「がんばったよ」と答えたらなんでも貼る。作ったものに限らず、運動会、発表会などの写真を「ぺたほめ」するのも次のがんばりにつながります。「がんばってえらかったね」と、コメントをそえて書いてもいいでしょう。

まだ子どもが小さくて絵や字を描けない場合は、ぐるぐる描きでもなんでも「ぺたほめ」してください。子どもの手を持ってお母さんが手伝ってあげたものを「がんばって描いたねー」と、あたかもお子さんが描いたかのようにして「ぺたほめ」するのもOKです。

「こんな落書きを？」と思わなくて大丈夫。目的は「がんばりの見える化」ですから。子どもが「自分はがんばった」と思えたことを見える化できるなら、なんだっていいのです。これは子ども自身のがんばりの再確認にもなりますし、自己申告制にすることで、「がんばったからほめてほしかったのに」という「ほめられ漏れ」がなくなります。「ほめられ漏れ」があると、**認めてほしいことが認めてもらえないので、自己肯定感が低くなります。**

③「お花に水をあげたよ」「ひとりで朝の支度ができた」「縄跳び、とべたの」といった、貼ることができないがんばりもあります。そんなときはシールを使いましょう。画用紙などで台紙を作り、そこに好きなシールを貼って「ぺたほめ」する。こうして「がんばりの見える化」をしてほしいのです。子どもはシールを貼るのが大好き。シールの数を増やしたいから、ますますがんばってくれるようになります。

「そんな簡単にうまくいくかしら」と思う方もいらっしゃるかと思います。前出の泉山幼稚園の保護者の方に、「ぺたほめ」に取り組んでいただきました。

子どもの能力に合ったドリルのプリントに取り組んでもらう→正解したところだけに、お母さんがハナマルをつける（間違いは消しゴムで消してお母さんと一緒に直し、バツをつけない）→子どもが取り組んだドリルのプリントを「ぺたほめ」する→翌日、また同等のドリルのプリントに取り組んでもらう、といったものです。

そしてなんと93％の子どものやる気アップが感じられ、成績も伸びたとの感想をいただきました（図E）。リビングの壁一面に「ぺたほめ」して育てたうちの息子ふたりも工作や絵が大好きになり、小学校に入ってからは多数の賞をいただくこともできました。まさしく「ぺ

図E がんばりを貼ってほめた感想

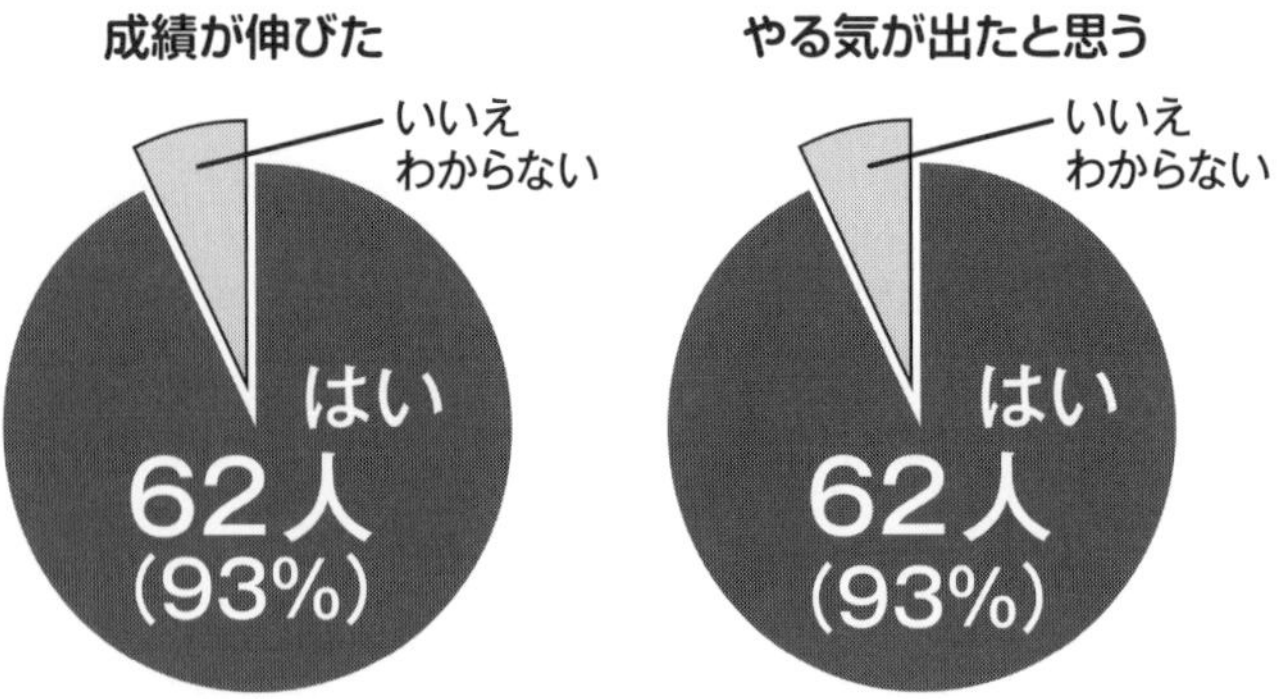

※ 2016年 泉山幼稚園の保護者様66人のアンケート調査結果から作成

たほめ」の成果です。

「ぺたほめ」を始めると、「ぺたほめ」してほしいから作品が増えるのです。そうするとまたほめられる。うれしいから、またがんばる、繰り返すことで上達もする、自信もつくという、正のスパイラルの始まりです。

子どもに「がんばって描いたの？」「これ、ぺたほめする？」などと聞き、やりとりすることでも親子の会話がさらに増え、コミュニケーション力も育ちます。そして何よりも「ぺたほめ」で認められる経験が増えることで、自己肯定感は高くなり、子どもはますますかしこく健やかに成長してくれるのです。

3

「○○させなければ」を捨てると、圧倒的にラクになる！

お子さんが生まれたとき、

「生まれてきてくれてありがとう」「いてくれるだけで幸せだわ」

そう思いませんでしたか？　表情が変わるようになると、

「私をお母さんってわかってるんだ。うちの子、天才～」「力強くおっぱいを吸ってくれた～。元気なだけでうれしい」「こっちを見て笑ってくれた。優しい子なのね」

って、成長のすべてを喜んでいましたよね。それがちょっと大きくなっただけで、「○○させなければ！」が突然増えてしまっていませんか？

「ごはんを行儀よく食べさせなければ」「トイレトレーニングを早く完了させなければ」

「積み木やパズルを上手にできるようにさせなければ」「お勉強の取り組みをさせなければ」

「早寝早起きさせなければ」「着替えを自分でさせなければ」「寝る前に絵本を読み聞かせなければ

ば」

そして子どもがうまくできないとイライラし、怒って注意することが増えてしまう。「ここで厳しく育てなければ、大きくなって恥をかくのはこの子だもの」と思って、よけい必死になってしまうと聞きます。

私はトイレトレーニングをしたことはないし、寝る時間もきっちり決めておらず、寝る前に絵本を読んだこともありません。おむつはそのうちきっととれるだろうと考えていたので、トイレトレーニングは時間の無駄と思っていました。怒ることが絶対に増えてしまうからです。

睡眠はおおよその時間は決めていましたが、なかなか寝ない夜は翌朝起きるのを遅くすればいいかと気楽に考えました。幼稚園のときは眠かったら帰りのバスで寝るだろう、トータルでたくさん寝ていたらいいか、って感じ。

絵本を毎日◯冊読まなければって思ったこともないですし、読めるときに読んでいました。寝るときは真っ暗にして、寝ることに専念したんです。寝る前は本を読まなきゃって誰が決めたのでしょうね。

このように世間が決めた固定観念をなくすと、お母さんがラクになれます。「みんなと一緒でなくては」と考えがちな日本人の国民性からすると、固定観念をなくすのは簡単ではないかもしれません。でもそのせいでイラだってしまっては元も子もありません。

お母さんのイライラが多いと、子どもは「今日はお母さんの機嫌いいかな?」「これをしたらお母さん、怒るかな?」と、まずお母さんの「ご機嫌うかがい」をするようになります。この「ご機嫌うかがい」が、子どもの伸びしろを小さくすると思うのです。「失敗すると怒られる」と考えるようになると、怒られないであろうと考えた狭い範囲内の言動をするようになり、新たなチャレンジを控えてしまいがちに。その結果、多くの可能性が閉ざされることにもなりかねません。

素直な子どもにするには、まずはお母さんから

「うちの子、頑固で困っているんです」

と相談してくるお母さんは、ご自身も頑固な場合が多いです。この場合、まずはお母さんから

自分の頑固なところを直していただくようお願いしています。すると、お子さんもどんどん素直になっていくことがとても多いのです。

親が固定観念や頑固さをなくしラクになることで、子どももラクになるのでしょう。子どもは親の鏡ですから。そしてこれは子どもの可能性を広げることにもつながると思います。

すべての子どもは無限の可能性を秘めた天才だと、私は思っています。試行錯誤やチャレンジする気持ちが強いほど、将来の伸びしろがある子どもになるはずです。親は「このくらいでは死なないから大丈夫〜」、ときに失敗しても「まあ、いいか〜」くらいにどっしり構えると、子どもは安心してチャレンジでき、伸びしろを広げることができます。

お母さんの心の安定って、お子さんの心の安定にそのまま反映されていると思います。多くのケースを見て、親がイライラすることは百害あって一利なしだと確信しています。

4 お母さんの『女優力』が勝負！大女優を演じましょう

「わかってるけど、怒らず育てるなんてできない～」
はい、そこでその方法をお伝えします。

長い子育ての間で、子どもを伸ばすとても効果的な方法が、お母さんが「女優」になることなのです。まず積み木遊びの例からお話ししますね。あるお母さんからこんな悩みを伺いました。
「積み木を投げてばかりで、いくら言ってもちゃんと遊びません」「積み木に興味すら持ってくれません」

お母さんにとって積み木はつんで遊ぶのが当たり前ですが、子どもはそれすら知らないところから始まります。ボールは投げたらほめられるのに積み木は投げたら怒られる、この違いがわからないこともありますし、たまたま積み木を投げたらお母さんのリアクションがおもしろかったから何度も投げるということもあるでしょう。こんなときは怒らずに、まずお母さんが率先して**積み木をつんで、楽しそうに遊ぶ様子を子どもに見せてください。**

「見てー。上手につめて楽しいわ〜」と言いつつ、次に子どもの手に積み木を持たせて、その手にお母さんの手をそえて、あたかもお子さんがひとりで積み木をつめたかのようにやってみせます。ここの後押しに重要なのが『女優力』です。

「すごーい！　上手につめたねえ、天才だね〜！」

とおおげさに言い、拍手もしましょう。もちろんお母さんが手をそえたからできたのだし、実際はお母さんがつんでいるのですが、そこは女優になりきって思いっきり演じてほめてください。こうして子どもは、

「積み木ってつむものなの？　そしてつんだらこんなにお母さんが喜んでくれるんだ！」

と、初めて楽しみ方がわかるのです。

何度も一緒につんでは、まるでひとりでできたかのように、『女優力』でおおげさにほめ、拍手もする。するとそのうちひとりでやろうとして、「できない」という現実にぶち当たります。

そうしたらまたそっと手を差し伸べ、「ほら、できてるよ」と言ってあげる。この繰り返しででくるようになります。子どもにとってはお母さんからほめてもらえること、お母さんが喜んでくれることがすべての原動力になっています。少しでも早く覚えさせたいなら、お母さんの『女優力』をみがくのが一番です。

それでも積み木を投げることもあるでしょうが、そんなときは「投げるものじゃないよ」とだけ伝えてスルー。怒らない母親を演じきりましょう。積み木を投げて怒られると、「積み木をするとお母さんが怒る」とインプットされ、積み木で遊ばなくなるケースも多いのです。子どもはお母さんの過剰反応がおもしろいから繰り返すだけ。注目されたいがための行動ですから、無視ほど怖いものはないのです。何度かスルーすれば、投げないようになるでしょう。子どもがどんな目的で行動しているのか、原因を考えつつ行動や発言に移すと親子の絆《きずな》はもっと深まります。

積み木ができるようになると、何度も何度も「見て〜」と、どや顔で見せにきます。「また同じことを」と言わず、何回も何回もほめてあげてくださいね。

次はこの『女優力』を、いろいろ応用してみましょう。

例えば、「洋服着たくない！」と駄々をこねる子どもに、頭だけTシャツをかぶせて、「さて、〇〇ちゃんは今から右手を出します。あっ、右手が出ました！　次は左手も出るでしょうか？　すっ、すごいです、上手に左手も出てきそうだー！」と、お母さんが実況中継。そっと着替えを手伝いつつも、最後はすべて自分で着替えたかのように、「上手にお着替えができました～。えらかったね」と拍手までしてあげてください。

「ごはん食べたくない」と言う子には、「じゃあ、お母さんが飛行機になって食べさせてあげる」と、スプーンにごはんをのせて「飛行機さんが行きますよー。ぶ～ん。はーい、お口を開けてください。ぱくっ。すごい、食べました～。次はハンバーグさんだーっ」と楽しく食べさせてみましょう。

ジャンプだってそうです。

「ジャンプできた。見て～」という子どもが、たとえ少ししかとべていなかったとしても、「すごーい。めっちゃとべてるね！」と、おおげさにリアクションしてあげましょう。そうすると得意になって繰り返し、そのうち本当に大きなジャンプができるようになります。もし子どもが

「あまりとべないの」と自信なさげに言ってきても、「とってもキレイにとべててかっこいいよ」、と『女優力』で絶賛してくださいね。

女優力は親のイライラを減らし、親子の笑顔を増やします。さらに子どもの次のやる気につながることもわかっていただけたでしょうか。

よりできる子をはぐくむ大女優&名プロデューサーとは?

この『女優力』、お母さんにとって大きな試練になるときもあります。私は今でこそ、子どもを将来、理科好きにするために昆虫を飼うことを推奨していますが、実はもともと大の虫嫌い。一切さわれなかったし、虫が出てくるたびに、ギャアギャア騒いでいました。そんな私を見ていたからだと思うのですが、長男は幼稚園入園前に、「アリがいるから怖くてすべり台をすべれない」と言い始めたのです。

これは私のせいだ、とわかった瞬間、小学生になった息子ふたりが、虫を見て「キャーッ!」と怖がっている姿が頭に浮かびました。

息子ふたりとも、虫を怖がる子にするのか？
私が今、勇気をふり絞って虫をさわるのか？

究極の選択でした。そして私は虫をさわることを選びました。
「大丈夫よ、お母さんもさわってるから怖くないよ」
決意以降、バッタなどあらゆる虫を持っては見せつつも、手は震え、全身さぶいぼ（関西弁で鳥肌のこと）で、引きつり笑いをしていたのを覚えています。特につらかったのは、ゴキブリと紙一重に見えたカブトムシのメス。さわるとき、かなり勇気がいって、頭の先まで電気が走るようでした。

カブトムシがさわれない子になって、「弱虫」などといじめられる原因にでもなったら私のせい。（ここはがんばるしかない！　私は大女優よ）と自分に言い聞かせ、吐きそうになりながらも「虫好きな母親」を演じきりました。今となっては笑い話になるくらい全く平気になりましたが。

お母さんが「怖い」と言うと、子どもは「怖い」と思ってしまう。お母さんが「大丈夫」と言ったら、**「大丈夫」と感じる。**母である私の言葉の責任を痛感したできごとでした。

この『女優力』による発想の転換がなかったら、長男が小学2年生のとき、「カブトムシの行動」で賞をとることもなかっただろうと思います。

『女優力』に加えて、ときには**プロデューサー力も発揮**してみましょう。私は長男が幼稚園のとき、いつから縄跳びに取り組むか、前もって先生に聞いておきました。事前に特訓をするためです。縄跳びって簡単にできるものではないのです。姑息《こそく》だと思われるかもしれませんが、幼稚園の取り組みより先にマスターさせておき、長男が自信を持てるようにしたかったのです。特訓中、「どんくさいな〜」ってイライラしても、そこは『女優力』で乗りきりました。

どんなときもまず〝子どもの気持ち〟に寄りそいましょう！

あるお母さんからは、「公園で縄跳びの練習をしたら、子どもがやりたくないって言うの」と相談を受けました。当然です。同世代の友達がいる公園での練習はおすすめしません。友達のい**る公園は子どもにとって「披露」する場**なのです。できない様子を見られるのは恥ずかしいし、かっこ悪いと思うとますます練習嫌いになります。家の前など、子どもの知り合いが少ない場所での練習がおすすめです。

お母さんは子どもをその気にさせる大女優であり、スムーズに進むよう根回しする敏腕プロデューサーにもなれるのです。どちらも子育てにおおいに役立つので、忘れないでくださいね。

5 帰りたい家、そこからすべての成功が生まれます

子どもにとって家とは、雨露をしのぐこと以上に、何があっても自分を守ってくれ、いつでも帰りたくなるような安全な基地でなければなりません。

いつも自分を見守り、不安や失敗をリセットしてくれる家があるからこそ、いろんなことにチャレンジし、学び、広い世界に飛び出していけるのです。では、子どもが心から安らげる帰りたい家とは、どんな家でしょうか。

①まるごと愛されている
②役に立っている
③食事が楽しい

この3つを子どもが感じられる家だと私は考えています。

①まるごと愛されている
子どもをまるごと受け入れ、共感しましょう

今、我が子の存在をまるごと愛せている自信がありますか？　例えば、子どもがおゆうぎ会などで失敗する、子どもの行動で親である自分が恥ずかしい思いをする、子どもが「ママなんかきら〜い！」など嫌な発言をしたとき等々、何が起きても「大丈夫」と受け入れて、子どものすべてを愛してあげられていますか。そしてその愛はちゃんと伝わっていますか？

愛はストレートに恥ずかしがらず伝えましょう！

赤ちゃんのころは「オギャー」と泣くと、「おなかが減ったの？」「おしっこかな？」と受け入れてこられたかと思います。このとき大切なのは、ちゃんと声に出して答えること。これが我が子とのコミュニケーションの最初の第一歩です。「独り言みたいで恥ずかしい」とおっしゃるお母さんもいらっしゃいますが、声を出すと小さな赤ちゃんも「訴えを認めてもらえている」と感じとってくれます。

子どもが歩き始めると、転んで泣くことがしょっちゅうですよね。間違っても「だから走らないでって言ったでしょ！」と怒ってはいけません。失敗にだって共感してくれるお母さんであることが、「まるごと愛する」ということなんです。思いきりハグしてこう言ってほしいのです。「かわいそうに。痛かったね。痛いの痛いの、飛んでけ〜。ほうら。飛んでいったよ、バイバ〜イ」。言いながら手をふってバイバイのジェスチャーもしましょう。子どもが「痛いの、なくなった」と言ったら大成功ですよ。

このときの**ハグは効果絶大**です。「大好きだよ〜、愛してるよ〜」と、ハグしながら声に出してくださいね。7秒のハグには魔法がひそんでいるといわれ、多幸感を感じる愛情ホルモン、オキシトシンがたくさん出るという研究報告もあります。だから毎日ハグや、よしよしをして、たくさんふれあっていきましょう。

ハグをすると、親にも愛情ホルモンが分泌されると私は思います。一度ハグしながら、今、愛情ホルモンが出てるかな？　と体に意識をかたむけてください。体の中からムクムクと多幸感がわくのを感じるでしょう。「**これだけ愛情をあげることができてるんだ**。そして私ももらえてる。幸せだなあ」と実感できたら、これこそが親子の「絆」の始まりです。

ハグは、必ず一日1度以上してくださいね。いつまでかというと、子どもが嫌がらない限りずっとです。「抱き癖が心配」と言う方もいらっしゃいますが、抱き癖とは1940年代のアメリカで大流行した育児書を日本が取り入れた古い考えで、今では間違いだったといわれています。

共感は意外と簡単！　共感グセをつけてみましょう

幼稚園や保育園に行くようになると、子ども同士の付き合いも広がり、さまざまな感情が増えていきます。子どもの言うことにどんどん共感してあげましょう。


「お歌を歌ったの。楽しかった～♪」

「楽しかったの。よかったね♡」

「○○ちゃんがいじわるしたの。悲しかった」

「それは悲しかったね」
同じ気持ちになること、共感することが大切です。共感とは、子どもの「楽しかった」「うれしかった」「悲しかった」「くやしかった」のセリフを、まずはそのままオウム返しにする。それだけでいいのです。

どんなことでもすべてOKという態度で聞き入れると、お母さんとは安全基地、すべてを受け止め、わかってくれる存在だと思うようになります。「お母さんはなんでもわかってくれる」という安心感は、将来の心の安定にもつながります。もしつらいことがあっても、お母さんに話すとスッキリでき、次の日には立ち直れるようにもなります。

私はこれを「ママフィルターのろ過」（P50）と呼んでいます。家に帰ってお母さんに話すと「大丈夫〜」って言ってくれるお母さんがいる。「がんばってえらかったね」って「ぎゅ〜」っとしてくれるお母さんがいる。お母さんの「大丈夫〜」や「ぎゅ〜」で、「大好きなお母さんが応援してくれるから次もがんばろう」と、今の不安や悲しい気持ちまでも前向きにがんばれる気持ちに変えてくれるのがママフィルターなのです。やはり「家＝安全基地＝お母さん」なのです。

お母さんが子どもをまるごと愛することで、「帰りたい家」になりますよ。

「あやまったらチャラ」制度を導入

それらを心がけていても本当に忙しいときもありますよね。頭ではわかっているものの、思わず感情的になってしまい、後悔してしまうこともあるでしょう。そんなときは、「さっきはごめんね。お母さん、忙しかったからイライラしちゃった」と、**声に出してあやまりましょう。たとえ相手が生まれたばかりの赤ちゃんであってもです。**素直に声に出してあやまったら、怒ってしまったことも「チャラ（クリア）」になります。なぜだと思いますか？　子どもは許してくれるからです。というか、すぐに忘れます（笑）。

引きずっているのはお母さんだけなんです。**お母さん自身が「あやまったらチャラ」のルールに従うと、親子で心がラクになれます。**ダメなのは、お母さん自身が「どうしてこんなことしてしまったんだろう」と自分にイライラして、また機嫌が悪くなること。この負のスパイラルを繰り返すことが、もっともしてはいけないことです。その怒りをぶつけられたら、子どもはたまったもんじゃありません。

パーソナルサポート（私が行っているお母さん対象の個別アドバイス）の受講生に、「毎晩、子どもの寝顔にあやまっています」というお母さんがいらっしゃいました。でも**寝ているときにあやまるのはなし**。子どもには聞こえないからあやまったことになりません。お母さんが子どもの目の前で「ごめんね」とあやまってみせたら、子どもも悪かったときにあやまれる子になります。「ごめんね」が素直に言える子はラクに生きていけますよ。

よく「私の悪いところばかり似ちゃって」とおっしゃるお母さんがいますが、子どもはお母さんがすべて正しいと思い、マネしているのです。まずはお母さんが「子どもに望んでいる姿」の見本をみせてあげましょう。

私だって怒ったこともありますし、「こんなこと言わなければよかった」ということももちろんありました。でも我に返ってすぐに、「お母さんは今、怒ったらあかんかった。ごめんね。許してくれる？」と、手を合わせて言うようにしました。子どもが「うん」と答えたら、思いっきりハグして「許してくれてありがとう」。これでチャラ。ときには、「今、すぐにあやまったから、ママえらいでしょ。えらいから、よしよしして〜」と子どもに向かって頭を差し出したこともありました。子どもは照れながらも、よしよししてくれます。**たまには親子が逆の立場になるくらいプライドを捨ててみるのも楽しい**ですし、子どもにぐっと寄りそえますよ。

どうにもこうにも**しんどいという日は、「今日はしんどい宣言」**をしましょう。例えば、生理の日はイライラしてしまうとかいうことはないですか？　私は生理になると、「お母さんは今日、おなかが痛いから機嫌が悪いかも。近寄らないほうがいいよ」と朝から宣言。するとふたりで気を使ってくれ、いつもより兄弟仲良く過ごしてくれたこともありました。**子どもはお母さんの機嫌が悪い理由が明確だと安心します。**自分のことが嫌いだからじゃないとわかるので、無駄に顔色をうかがう必要もない。無理しないで朝から「今日はしんどい宣言」、おすすめですよ。

「うちはもう小学生だから手遅れだ」というご意見もよく聞きますが、大丈夫です！　私のパーソナルサポートでこの「間違いにはしっかりあやまる」を実行したご家庭では、子どもが何歳からでも必ずよい変化がもたらされています。ぜひ今日からでも始めてみてください。**お母さんがブレることなく、「悪かったことはあやまる、あやまったらチャラ」**を徹底することが大切ですよ。

②役に立っている
「子どもの仕事」と決めつけないで、常に「ありがとう」を伝えよう

子どもは役に立っていると実感すると、自分は家族にとって必要な存在だと思えるようになります。自分の存在がかけがえのないものであることを、自然と自覚させたいのです。

子どもは3歳ごろになると、大好きなお母さんのために役に立ちたいと思うようになってきます。

我が家では、息子たちふたりが幼稚園児だったある日、「お手伝い〜♪　お手伝い〜♪」と楽しそうに歌いながら拭き掃除をしていたことがありました。幼稚園で習ったのかなと見守っていたら、雑巾が絞れておらず、床一面が水浸し。

このとき私は、「うわ〜っ、やめて〜！」と思いましたが、グッとこらえて、笑顔で「ありがとう〜。助かったよ」と言いました。そのときのふたりのうれしそうな顔は今でも忘れられませ

ん。ふたりとも私を喜ばせようとしたんですから、どうであれ、ほめて正解だったと思っています。**もし怒っていたら、「お手伝いしたらお母さんが怒る」がインプットされてしまい、もう二度と手伝ってくれなかったでしょう。**大切なのはお母さんを「喜ばせよう」「役に立ちたい」と思ってくれた気持ちです。ただ雑巾の絞り方を知らなかっただけ。もちろんその後は絞り方から教えましたが（笑）。

普段から「役に立っている実感」を増やす方法で私がすすめているのは、**「これは子どものやるべきこと」という決めつけをやめ、発想を転換してみることです。**

例えばおもちゃの片づけ。「自分で出したんだから、自分で片づけなさい」って言いがちですよね。でも片づけはお母さんの仕事と考えてみてはどうでしょう。そうしたら子どもが少し片づけただけで、「手伝ってくれてありがとう。お母さん、助かったわ」と言えますよね。お母さんは「早く片づけて！」とイライラしなくてすむし、子どももほめられてうれしい、お母さんの役に立てた、認められた、となり満たされます。

「お花にお水をやるのはあなたの仕事って決めたでしょ！」じゃなくて、「お花さんが、お水くれてありがとうって喜んでいるよ。助かったわ、お母さんもうれしいな」と言ってみましょう。我が家ではほめすぎたあまり、子どもが水をやりまくって根腐れしたこともあったので、そこは気をつけてくださいね。

大切なポイントは、「ありがとう」の言葉をいっぱいかけてあげること。**「ありがとう」って、子どもの自己肯定感を高くする魔法の言葉**なんです。毎日、ガミガミ言っているセリフって、実はほとんど「ありがとう」に置き換えることができるんですよ。

あるワーママ（ワーキングマザー）は、朝、家中のカーテンをあけるのを子どもの役目としていました。毎朝、「早くあけなさい。あなたの仕事でしょ！」と繰り返し怒っていると聞き、発想を転換し、お母さんの仕事を手伝ってもらっていると考えるようにアドバイスしました。以後は、「ありがとう。カーテンあけてくれて助かったよ」と言うだけでやる行動は同じ。なのに、お子さんは自らすすんで毎日カーテンをあけてくれるようになったそうです。

「○○しなさいって言ってるでしょ!」じゃなくて、「○○してくれてありがとう、助かったわ」。発想を転換し、こう言い換えるだけです。子どもにしてみたら、「子どもがやるべきこと」↓「できて当然で、やっていないと怒られること」から、「お母さんのお手伝い」↓「やったらほめられる楽しいこと」に変わります。

やっていることは同じなのに「自分は認められている、お母さんの役に立てている」と実感し、お手伝いもすすんでやる。そしてますます家が楽しい場になるのです。

③食事が楽しい

食事はしつけより楽しい時間に

家を楽しい場所にするにあたって、まずは食を大切にしましょう。食事はかしこい脳と丈夫な体を作ってくれますし、**毎日、一緒に食べながら楽しい話をすることは、とても重要**だと思っています。大人が重要な商談を会食しつつ行うのは、食事が人間関係を円滑にするための大切なコミュニケーションのツールだから。これは親子にとっても同じだと思うのです。私は、親子の絆が崩れるのは、食事のマナーやしつけを重んじるがあまり、叱ることが増える原因も多いと感じています。それよりも「食事は楽しい」「食べることは楽しい」と感じさせるのが最優先です。離乳食が始まると、自分で食べようとしたがることがありますよね。「こぼさないで」と言うより、「えらいねえ。ひとりで食べられるんだ、すご～い」と、楽しい声掛けをしましょう。お母さんがほめてくれると、食事の時間が幸せな時間になります。

おしゃべりが達者になったら、保育園や幼稚園の出来ごとを食事中に聞いてあげましょう。「集中して食べて」「座って食べて」「よそ見しないで」とお小言を言うより、「人間だからこぼすときもあるよね。お母さんだってこぼすときもあるもん」と言えるくらい、おおらかに構えてみましょう。もし、「食べさせて」と甘えてきたら、楽しみながら食べさせる。「次はお母さんにもやって～」って口をあけてみせると、笑ってやってくれますよ。楽しく、楽しくです。

毎朝、起きてこなくて大バトル、と相談されたお母さん。よくよく聞くと、嫌いなブロッコリーを毎朝、必ず出していました。好き嫌いはないほうがいいですが、それでは朝食が楽しくないし、起きたくもならないですよね。

怒られすぎると「食」自体に興味がなくなります。「体」も「脳」もすべて食事からできていますから、楽しく食べると、より栄養も身につくと思うのです。子どもの食が細いことや、食べることに興味がないと悩んでいる方は、まず厳しくしすぎていないか見直してみましょう。次に食事の時間を楽しくすることを心がけてくださいね。

①まるごと愛されている、②役に立っている、③食事が楽しい。これらの３つすべてで、帰りたい家が形成されます。日々のストレスや嫌なことも、帰りたい家があると、ママフィルターでろ過され、リセットされるのです。ストレスがリセットされると、次のがんばりにつながっていきます。**まるごと認められて、甘えたいときに１００％満たされて育った子どもには、強い心の土台ができます。**自分が信用してもらった経験から、他人を信用でき、人に優しい子にもなれると思います。強い心の土台があるから、目標に向かってくじけずがんばる精神力も育つ。「がんばればできる」、この**自信はすべての成功につながっていく**のです。

安全基地のママフィルターのろ過

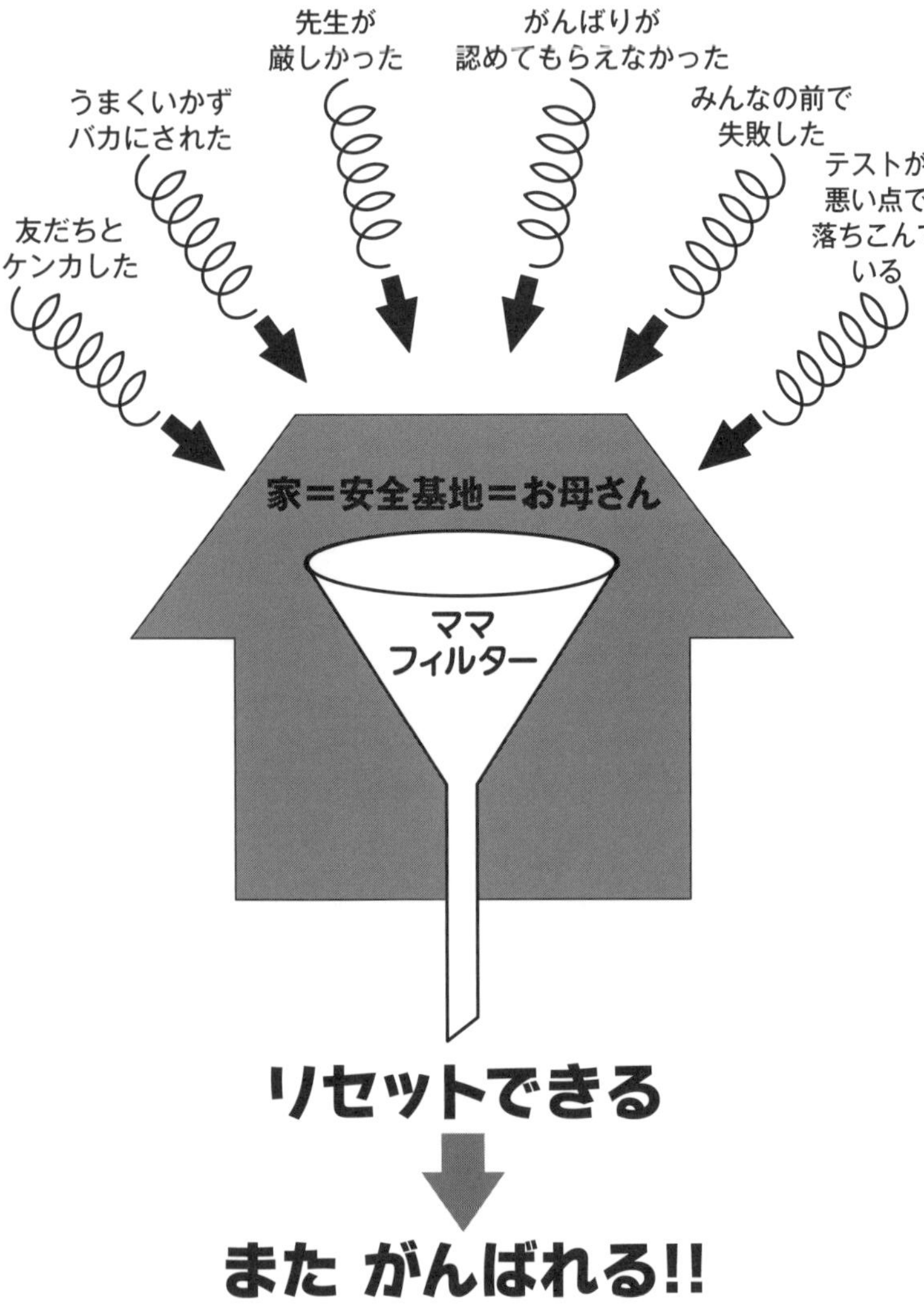

帰りたい家
お母さん 心のメモ

- 7秒のハグ
- 共感のオウム返し
- あやまったらチャラ
- しんどい日は「今日はしんどい宣言」
- 小言より「ありがとう」
- 食事は楽しい

長男が年長、次男が年少のころ、ペットボトルの底に、きりで穴をあけ手作りじょうろを作りました。子どもはビニールテープで飾りをつけて楽しみました。

6 最初の習いごとは「ママ塾」で！読み書きそろばんより、まずは理科・図工から!!

小学生までに何を習わせるべきか、という質問をよく受けます。「勉強のため幼児教室？」「算数に強くなるにはそろばん？」「体力をつけるために体操や水泳？」「絶対音感を身につけさせたいからピアノ？　バイオリン？」「英語は習得させたい」「プログラミングも気になる！」。多数の習いごとをさせたいけど高額にもなるし、とはいえフルタイムで働いているから自分で教える時間もない……等々、さまざまな声を聞きます。

我が家の場合、長男は幼稚園年中から英会話、次男は年長の夏から水泳と年長の終わりの3月からそろばんだけ。長男は小学1年生からそろばんと水泳を始めましたが、それを言うとみなさんに驚かれます。なぜなら、そろばんは長男、次男とも、京都の小学校3年の部で優勝し、長男4年生で初段、次男3年生で4段。水泳は6年生のときに長男が京都市水泳大会で4位、次男は6位になれたからです。

私、よくばりだからなんでもできるようになってほしかったし、いろんなことをさせたかったんです。それも効率よく効果的に。それらをすべて習いごとでまかなおうとすると、莫大《ばくだい》なお金も時間もかかるし、送迎の負担など考えると現実的に不可能。そこで思いついたのが、「そうだ！　私が教えたらいいんだ」ということ。できることだけでもいいじゃない。こうして私が家で教える、「ママ塾」を始めることにしました。

「ママ塾」には、大きな目標も掲げました。

親子の絆をもっと深めよう
がんばればなんだってできる心を育てよう
学びは楽しいとインプットさせよう

小さいうちにこれらをインプットしておくことで、一生ものの「学びは楽しい」を手に入れてもらおうと思ったのです。小学校までに、「がんばればなんだってできる」と思える自己肯定感の高い子どもにするのも目標でした。

ママ塾にはメリットが、たくさんあるのです。①「隙間時間で取り組める」こと。小学校低学年くらいまでは、遊ぶ時間が一番重要なので、それを確保しつつも隙間時間でできます。ワーママは30分とか1時間と考えず、**5分とか10分の取り組みでも十分です**。そのほうが子どもだって飽きずに効果的ですし、大好きなお母さんと毎日楽しい時間が過ごせるとインプットできます。

ペースや内容は子どもに合わせるので、②「〝できない〟体験をしなくてすむ」こともメリットです。幼児期は特に自己肯定感をたっぷりすりこみたいので、〝できない〟という挫折体験や、**ほかの子との比較は不要**だと思っています。習いごとだと、ほかの子どももいるため、ペースや内容は先生が決めますよね。そして「ほかの子はできるのに自分だけできない」に直面してしまう。親もつい、「みんなできたのに、どうしてできなかったの」とか言ってしまう。これでは自己肯定感が低くなりがちです。**子どもの目標はいくつになっても過去の自分に勝つこと**です。決してほかの子やきょうだいとは比べないでくださいね。

ママ塾の判定はお母さん基準なので、③「たくさんほめてあげる」ことができます。一緒に取り組みをしつつ、あたかもできたかのように思わせて、「天才だね～」など、お母さんはプラスの声掛けがしやすくなりますし、子どももお母さんから愛されまくっていると実感でき、親子の絆がさらに深まる時間にもなります。

ときに子どもだって何もやりたくない日もあれば、「ドリルは嫌だけど、折り紙ならしたい」という日もあるでしょう。ママ塾は、④「**子どもの体調やそのときの気分に寄りそう**」こともできます。習いごとの場合、お金を払っているだけに「今日は○○の日でしょ！」と、親が子どもを奮い立たせ、決まった時間と場所に向かわなくてはなりません。子どもが気乗りしないと、先生により注意されたりして、親もヤキモキしますよね。**ママ塾は、子どもがやりたい時間に好きな取り組みをさせることができるので、親子ともどもストレスがなくなります。**

習いごとには宿題があるところも多いようです。幼児教室に通わせているお母さんからは、「教室では楽しくできても、家で宿題をしたがらない」という話をよく聞きます。むりやり宿題をさせようとすると、子どもは嫌な態度をとりだし、お母さんはさらにガミガミ……、これでは不仲まっしぐらです。ママ塾には、⑤「**宿題がない**」。宿題は小学校に行ってからでも十分だと思いませんか。

私は幼児期に、幼稚園や保育園、幼児教室といった集団の場で、**国語や算数といった難しい勉**

強を教えることは、子どもをつぶす可能性もはらんでいると思っています。その理由は、子どもがほかの子どもと比べられることで「自分はできない」体験をしてしまって自己肯定感を低くする可能性があることと、勉強に飽きてしまうことです。小さい子って、何ごとにもすぐに飽きます。ほかの子全員ができるまで待つ時間があると、「勉強って退屈」って思ってしまいがち。飽きて「楽しくない」と思うと、嫌いにつながります。さらに楽しくない気持ちが先生に伝わると怒られがちに。だからこそ、やりたいときに興味あることを、大好きなお母さんとマンツーマンでできるママ塾は、幼児期と小学校低学年の勉強に適していると思うのです。

ママ塾を成功させるためには、お母さんが守るべきポイントがあります。ママ塾が子どもにとって〝楽しく幸せ〟な時間になるよう、心がけることです。帰りたい家と似ていますよね。成功の秘訣《ひけつ》は3点です。

【ママ塾 成功のルール】

①まるごと愛する

②『女優力』でやる気にさせる

③絶対に怒らない

①まるごと愛する

お母さんが、我が子に勉強させなければならない、自分が子どもをコントロールしたいと思っているようなら、ママ塾のスタートは延期です。そのまま進めても、嫌になったり、「勉強するとお母さんが怒る」などとインプットされ、先々の親子関係までうまくいかなくなったりする可能性があります。

お母さんがほめて認めてくれる、子どもはこれがすべての原動力です。「帰りたい家」（P36）でも言いましたが、まるごと愛されている確信がある子どもは、お母さんが喜んでくれることがうれしくて、自発的に楽しみながらいろんなことを学んでいけるようになります。ママ塾の前に、一度、関係性を再確認してくださいね。もし、関係性が微妙かも、と思った方もご安心ください。何歳になってもそのときは「帰りたい家」から始めれば大丈夫です。

②『女優力』でやる気にさせる

すべての取り組みには「できない」がつきもの。うまくいかないときに、再びやる気を起こすか、もうやりたくないと思うかの分かれ道は、実はお母さんがカギを握っているのです。ここで『女優力』（Ｐ28）を発揮すると道がひらけます。子どもが「できない」と言いだしたら、「大丈夫よ」と優しく言いながら手をそえて、まるで自分でできたかのようにしてあげる。そしてほめまくる。**どんなできないシーンでもお母さんが１００％味方**をしてあげてください。『女優力』で「できた」体験を繰り返してあげると、子どもはいっぱいがんばれるのです。

③絶対に怒らない

パーソナルサポートをしている勉強嫌いのお子さんに、「どうして勉強が嫌いなの？」と聞くと、「勉強するとお母さんが怒るから」と、こっそり答えたお子さんが何人もいました。ささいな注意であっても、怒られたと感じるとずっと勉強嫌いになる可能性もあるので、**勉強をさせるときは絶対に怒らない**ことを徹底しましょう。

ママ塾はお母さんが塾長兼先生です。我が子相手だと、つい感情的になってしまうこともあるかもしれませんが、以上のルールを守ってママ塾をすれば、子どもにとってママ塾&勉強とは、お母さんにたくさんほめられ、いっぱい甘えられる幸せな時間になります。そう感じている子どもが勉強や運動を嫌いになるわけありませんよね。そして「好きこそものの上手なれ」です。ワーママは時間の長さより、中身の濃さを特に重視しましょう。短い時間でも「楽しい」と感じさせてあげることが大切です。

【ママ塾ステップⅠ　理科編】
読み書きそろばんより、まずは理科・図工から!!

ママ塾の具体的なカリキュラムの説明に入りましょう。まず、理科と図工から始めます。理科といっても難しく考えないで。前述したとおり、「〝できない〞体験」は不要（P54）。〝できない〞がない勉強、それこそが理科なのです。失敗がないから怒る必要がない、理科はママの『女優力』で「すごいね！」「おもしろいわあ」と楽しく盛り上げるだけでOKなのです。

植物園で花の観察をして、家に帰って図鑑を見ながら「こんなお花が咲いてたね」、動物園で見た動物を図鑑で調べて「今日見たキリンは草や木の葉を食べるんだって」。これだけで勉強なのです。簡単でしょ。だって植物も動物も立派な「生物」の勉強ですからね。「それならできそう」と思っていただけましたか？

次のステップとしては、植物をプランターで育ててみましょう。チューリップやアサガオだと簡単だし、ミニトマトなどの食べられるものは子どもが喜びますよ。やり方は、お母さんがお子さんと一緒にプランターに植えて、毎日一緒に見るだけ。水やりから始めて、芽が出て葉っぱが出てきたら、「見て、芽が出てきたよ」と指さしてあげましょう。これが理科の勉強の始まりです。ミニトマトも苗から育てると簡単です。花が咲いて実がなったら子どもと一緒に感動しましょう。「トマトはお水を食べて大きくなるの？」なんて質問が出れば大成功。「お水と太陽の光、土の栄養がトマトのごはんになるの。すごいね」と教えてあげましょう。

土に種や苗を植えて、毎日お水をやると芽がぐんぐん伸びて、花が咲いて実になる。それがなんと食べられるときたら、子どもには驚きと学習の連続です。マンション住まいでプランターも置けないという方は、室内でニンジンやダイコン、イモなどの切り口を水に浸《つ》かるようにしてトライしてください。どんどん葉や根が伸びていく様子を楽しめますし、きざめばお味噌汁《みそしる》の具にも使えます。これは立派な水耕栽培です。ね、お家の中でも理科脳を鍛えられるでしょ。そして、それらを図鑑などで一緒に見て確認してくださいね。図鑑や本でさらに知識をふくらますことで、もっと興味が広がります。

お出かけ系でおすすめなのは味覚狩り。普段、スーパーで見る果物や野菜がどのようにできているのかがひと目で学べます。これらの取り組みのよいところは、「わくわく」だらけで全く失敗がないこと。**失敗がないからお母さんは怒る可能性もない。**親子で笑顔になれ、子どもに「勉強は楽しい」がインプットできるのです。

うちの息子はこうした取り組みから始めて理科が大好き、得意教科になりました。長男は6年生の秋に「理科は灘《なだ》中学校でもどこでも受かる実力がある。もう勉強しなくていい」と塾の先生に言っていただき、洛星中学合格者の中でも理科は1番でした。次男も大学入試センター試験（現：大学入学共通テスト）本番で、物理、化学と満点だったのです。

【ママ塾ステップI　図工編】

出来不出来より一緒に楽しみ、「すごいね」とほめれば大成功

理科と同時期に挑戦したいのは図工です。まずはお絵かき。自由な真っ白の紙では、「アイデア脳」（Ｐ80）や手先の器用さなど、あらゆる面が養えます。最初はクレヨンでのぐるぐる描きから始めます。ぐるぐる描きだって、筆圧を強くするための立派な勉強ですから。ここでお母さんが「すごいね」とほめれば「できる」の第一歩につながります。さらに「これは赤だよね」「青も使ったら？」「黄色もきれいだね」などと声をかけると色の勉強にもなります。背後から手を持ってあげてチューリップやおうちなどを描き、「上手だねえ」と言ってあげるのも楽しいでしょう。

折り紙や粘土は、まずお母さんがしてみせればいいのです。見るのも立派な勉強ですから。子どももやりたいと言いだしたら、手をそえつつも、子どもが作ったかのように見せかけ、『女優力』でほめる。はい、これで工作も大好きになります。お絵かきも工作も「ぺたほめ」して、作った後もたくさんほめることをお忘れなく。

子どもはお母さんができたと言えば「できた」って思えるのです。間違っても「うちの子不器用で」などと、本人の前で言わないように。お母さんのマイナスの言葉には怖い魔力もあり、「できない」をすりこんでしまいます。

【ママ塾ステップI　音楽とダンス編】
歌やダンスはお母さんが『女優力』で率先

一緒に歌って踊って、音楽の勉強もしましょう。ダンスは学校の体育に取り入れられているほど重要な科目です。「うちの子、踊らないんです」と言うお母さんに聞くと、だいたいお母さんが踊っていません。**お母さんが踊らなかったら子どもだって踊りません。**お母さんが楽しそうに踊ってみせると、つられて子どもも踊りだします。そこですかさずほめまくり、一緒に歌って踊るのです。

プライドや羞恥心は完全に捨てること、実はこれがかなり重要ポイント。踊るのが苦手なお子さんのお母さんは、恥ずかしがりやか、プライドが高いことが多いのです。どちらも、そのまま子どもにしっかり受け継がれてしまいます。子どもには歌やダンスは恥ずかしいことではなく楽しいことと、お母さん自身が見せてくださいね。幼児のうちから簡単な取り組みを楽しめる子どもにしておくと、小学校で楽しみが増えます。難しい勉強だけやらせた子どもは、「小学校が楽しくない」と言いだすケースも多いです。**どんなささいなことだって楽しめる子どものほうが、生きやすくなれる**と思うのです。

そしてたくさん「ぺたほめ」をしてくださいね。図工の作品はもちろん、理科、ダンスも取り組んでいる写真を撮って「ぺたほめ」すると効果も倍増です。

【ママ塾ステップⅡ　勉強編】

飽きさせず、子どものやる気を最優先

こんなのすべて遊びだわ、と思う方もいらっしゃるかもしれませんが、まずは【ステップⅠ】で親子の絆を深めて、「ママ塾は楽しい」と子どもに感じさせることが大切なのです。勉強するとお母さんのひざに乗れると思いこませてもOK。うちの息子たちは、望むときはひざの上で勉

強させていました。ふたりとも勉強するとお母さんに甘えられて、ほめられまくるから勉強は楽しいって感じていたと思います。楽しいとインプットができてから、その次に国語や算数などいわゆる「勉強」の【ステップⅡ】に進むのが望ましいと思います。【ステップⅡ】からは「できない」「おもしろくない」がつきものですから慎重にやりましょう。

算数は、まずは数字を使わずに10個のおはじきや積み木、ミニカーなどで数の概念から教えましょう。概念がわかってからペーパーに入って、お母さんが言っていたことは書くとこうなるんだよと関連を教えます。先にペーパーから入ると、お母さんが必死になりすぎて嫌になるケースが多いので要注意です。

一瞬でも子どもに嫌だなと感じさせたくないので、とにかく遊びのように飽きさせない工夫も大切です。例えばひらがなを書くのに5分で飽きたとします。そうしたら「足し算しようか」と違うものを出します。今度は10分で飽きたら「次は迷路する？」、それも飽きたら「折り紙？」といった具合に、**飽きて嫌になる前に、次々と違う刺激を与えるのです。**同時にテンション高めの『女優力』で「天才～。こんな難しいのができるなんてすごいね」「これ小学生で習うことだよ。早くランドセルを背負って小学校に来てくださいって言われたらどうする～？」等々、ほめまくります。子どもが飽き始めそうだと思ったら、すばやく違うことに切りかえる。ママ塾では**嫌な時間を1分もないようにすることができます。**嫌な時間があるから勉強が嫌いになるのですから。

ペーパーの勉強では私は『こどもちゃれんじ』の1学年上のドリルと、学研の受験用のワークを与えました（現在はありませんが）。よく聞かれますが、園児の間は毎日、勉強をさせていません。基本は子どもから「お勉強する～」って持ってきたときだけ。**間違いがちなのは、一日何ページとか何分やるとか決めること。**事前に決めて守らせようとするのは、嫌な時間を過ごす可能性が発生するからダメなのです。そのときどきで子どものペースに合わせるのが一番です。

勉強中に一度も嫌な思いをさせない、お母さんは怒らないというルールは前述しましたが、**間違ったときに悲しい顔もダメ**ですよ。子どもは敏感です。もしやってしまったら急いであやまってくださいね。

【ママ塾ステップⅡ　運動編】

鉄棒や水泳だってママが教えられます!

ママ塾では少し高度な運動だってできます。私は跳び箱、トランポリンは近所の児童館で一緒にやりましたが、鉄棒だけはなかったので自宅用鉄棒を購入しました。縄跳びでもふれましたが(P34)、練習は家や目立たない場所でこっそり、お披露目の場が公園や幼稚園、学校です。今は折りたためる鉄棒もあるそうなので、下に布団を敷けばOK。YouTubeなどの教え方も参考になりますよ。

跳び箱は親ひとりが小さく丸まって跳び箱役になります。小さいほうがとびやすいから、お母さんがおすすめです。そしてお父さんが実際にお母さんの跳び箱をとんでみせてとび方を教えます。マット運動も、布団の上で実際に前転や、後転の見本をみせてあげましょう。これなら5分もあればできます。体操教室に習いに行くと週に1回ほどの練習なので上達が遅いですが、家だと毎日でも練習できるので上達も早くて、体操教室いらずです。お母さんの『女優力』でどれもできるようになっていきます。

水泳も可能です。うちの長男は年少時、プールで顔に水がかかるのが嫌で、「プールがあるから幼稚園行きたくない」と言いだしたことがありました。私は嫌なことはしなくていいと思っているので、その年はプールに入れないよう、先生にお願いしました。そんなある日、長男に「泳げるようになりたい？」と聞くと「なりたい」と言います。「じゃあ泳げるようにしてあげる」と約束し、市民プール通いを始めました。当時、幼児は無料だったので時間制限なしで3人で900円、お風呂つき。水泳教室とは比較にならないほどの安さですよね。

あるお母さんからはフルタイムで働きつつ、ママ水泳教室をしたと聞きました。保育園の帰りにお風呂を兼ねて公営プールへ行ったそうです。「ぶらっと銭湯に行くつもりで始めた」って。これならできそうですよね。

いいこと尽くしのママ塾、できることから始めてみませんか？　決して「すべて教えてみせるぞ！」などと思わないでくださいね。子どものペースで〝できることから、楽しみながら〟が重要なのです。**親子の絆がぐっと深まり、お子さんの自己肯定感も高まるのがママ塾です。**「やってよかったと、あとからもずっと思える」と、パーソナルサポートをした多くのお母さんが言ってくださっています。

7

自己肯定感を高めるための意識改革「ないない7ヵ条」

「ぺたほめ」『女優力』「帰りたい家」、この3つは私の子育て術の大きな根幹ですが、さらに子どもの自己肯定感を高めるため、「ないない7ヵ条」を心がけていただくようお願いしています。

1条　お母さんはOKの基準を高くしない
2条　お母さんは何があっても裏切らない
3条　お母さんはウソをつかない
4条　お母さんは決してブレない
5条　お母さんは怒らない
6条　お母さんは子どもを比べない
7条　お母さんはあと回しにしない

1条　お母さんはＯＫの基準を高くしない

「これ、やれないからしたくない」「できないからお母さんがやって～」、この発言、よく聞きますよね。努力を放棄したこのセリフは、できないことを認めるのが嫌だから出てきます。なぜ嫌なのか？　それはできないとお母さんが認めてくれないからではないでしょうか。いつの間にか「私の子どもはこれくらいできて当たり前」「ほかの子ができているし、やれるはず」とお母さんが思っていると、「ＯＫの基準」が、つい高くなってしまいます。Ｐ86で述べていますが、実は私もそうでした。

小さなことでもほかの子どもと比べたりしないで、我が子の「ＯＫの基準」を低くしてあげましょう。「ＯＫの基準」を下げると成功体験が増えるので、子どもは「自分はできる」と思えるようになり、おのずとがんばれるようになります。

子どもががんばらないのは、実はお母さんが原因というケースも多いです。お母さんのプライドなどが原因で、つい「ＯＫの基準」を高くしてしまっていると、子どもはなかなかそこに到達できない。そんな子どもは「できてるね」と言われる数が少ないのです。子どもはみんな、お母さんからほめられ、認められることだけを生きがいに日々がんばっているのです。なので「ほめる」と「認める」が少ないと、「どうせがんばってもできない」とあきらめてしまうのです。我が子の「できる」を増やすためには、まずお母さんが子どもを周囲の子どもと比較せず、自らのプライドや「OKの基準」を低くすること。すると徐々に不思議なほど「できる」が増えていきますよ。

2条　お母さんは何があっても裏切らない

幼稚園や保育園の個人面談では、先生から子どもの評価を聞きますよね。例えば、「活発で元気です。この間は小さい子の手助けをしてくれましたよ。ただ、みんなと同じように座ってお話が聞けないところには困っています」と聞かされたとしたらどうしますか？　ほめられたことより、注意されたことが気になり、つい、「先生がお話が聞けないって言ってたよ。どうしてなの？」などと怒ってしまいませんか？　私は、「小さい子の手助けをしたって先生がほめてたよ。優しいね。お母さん、うれしかったよ」と、ほめられたことだけを伝え、注意されたことは一切、言いません。注意はそのときに先生がしてくれているでしょうし、私はその現場を見ていませんから状況もわからない。だからほめられた箇所だけをまたほめて、よいところをより伸ばしてあげたいのです。

何よりお母さんは子どもの100%味方でいましょう。命の危険があることと、人を傷つけること以外は何をやってもOKくらいでよいと思うのです。それよりお母さんがいつも信じて、ほめて、裏切らなかったら、ずっと一生懸命がんばってくれる子に育ちますよ。

3条　お母さんはウソをつかない

子どもにとって、お母さんにウソをつかれることが一番悲しいことです。ウソの中にはお母さんが自覚すらしていないものも多いのです。例えば、今日の晩ごはんはから揚げと子どもに言ったけれど、鮭《さけ》を安売りしていたからメニュー変更。これだって子どもと約束した以上、立派なウソになってしまいます。こんなときは、「ごめんね。今日から揚げって言ったけど、スーパーに行ったら鮭が『食べてー』って訴えてきたの。明日はから揚げにするから今日は鮭にしようね。鮭を食べるとかしこくて元気になれるんだよ」と、子ども目線に下げた楽しい伝え方をすると納得してくれると思います。

動物園へ行く約束をした休日に雨が降ったら、子どもは「動物園行くって言ったのに！」と怒りだすことがあるでしょう。お母さんもイライラし、「仕方ないでしょ！」と怒る。でもこれは、最初に雨が降ったら行けないことを想定せず伝えなかったお母さんのミスなのです。そんなときは、「雨だと行けないって言うのを忘れていて、ごめんね」と、まずは素直にあやまりましょう。そのあとに、「今度の日曜には晴れたら行こうね」「今日は図書館でも行く？　スーパーにする？」など、ほかの楽しい提案をしてフォロー。子どもの気分は切りかわり、ウソをつかれたと思わせずにすみます。

ドリルをやらせたいばかりにウソつきになったお母さんもいらっしゃいました。「1問できたらお菓子を1個あげる」と言ったら、子どもがはりきって10問をこなし「お菓子10個ちょうだい」と言ったそうです。お母さんが「10個は食べすぎになるから3個だけね」と言ったところ、子どもは「ウソつき！」と怒りだしたとか。これはお母さんのあきらかな失敗、裏切り行為です。子どもががんばることを想定できていなかったのですから。こういう言動が、がんばらない子どもを作る原因にもなります。こういうときはまずお菓子を10個渡して、「これは○○ちゃんのお菓子だし誰もとらないから、ごはんのあとでいっぱい食べたら？」などと誘導してみる。納得せずに全部食べたとしても怒ってはダメです。

ごほうび発言は、予定外の場合もしっかり想定して、できない約束は初めからしないことで

す。ウソつきにならないように、です。

4条　お母さんは決してブレない

お菓子売り場で泣き叫ぶ子どもは、そうすることでお菓子を買ってもらえた過去の経験があるからです。「今日は買わないよ」と言いつつも、子どもが泣いたから、恥ずかしいから、急いでいるから、と親の事情で「今日だけね」と、ときには買い与えていませんか？　決めたことをお母さんの都合で破るような**ダブルスタンダードはダメ**。ブレない一貫性が大切です。買わない理由を子どもにちゃんと説明して、納得してもらえるお母さんになってくださいね。

「自分で服を着なさい」「もう歯は自分でみがけるでしょ」、いつもはそう言っているくせに、急いでいるときには「お母さんがやるから」と変わるのも、ブレた発言になります。どんな場合でも一方的に決めないで、その理由をゆっくり伝えて、子どもに納得してもらうことを優先しましょう。

また、前述していますが（P16）、家では『女優力』でいっぱいほめていながら、人前で謙遜しすぎてしまうのはいくつになってもやめておきましょうね。つい謙遜したくなるなら、事前に**子どもに聞かれてもよい返答を考えておく**ことをおすすめしています。例えばうちの次男は、「勉強もできるのにスポーツもできてすごいね」と言われたら、「けんご（次男）はスポーツが大好きで、走り続けてないと死ぬらしいんです」と、笑えるネタみたいに返していました。家で本人がいつもそう言っていたため、これはOKです。

子どもの前で「いえいえ、うちの子、全然ダメで」などといった**謙遜発言をすると、たった一度でも子どもは混乱し、親を信用できなくなります**。心の傷として一生残る可能性もあります。子どもの前で言っていることがダブルスタンダードにならないよう、気をつけましょうね。

5条　お母さんは怒らない

怒らないためにはコツがあります。それは前述どおり（P70）、お母さんの「OKの基準」を下げること。「OKの基準」を下げると怒ることが減ります。それと**怒らないための先回りをしておくことも大切**です。

例えば、お絵かきをする場合は、汚れてもよい服装にして、床にはレジャーシートを敷きつめて先回り。絵の具がこぼれたら、「お母さんにはこぼれる未来が見えていたから最初から敷いていたのよ、えらいでしょー」と笑いをとるくらいでいてほしいのです。

晩ごはんの食べこぼしは机の上と下にレジャーシートを敷けば先回りできますが、だらだら食べには私も困っていました。そして考えたのです。食後にはトランプをすることが多かったので、私が食卓の横で、床にトランプを並べて、「お母さんは早くトランプしたいな」「早く食べてくれたらいっぱいトランプできるのになあ」って、聞こえるようにボヤくのです。するとあっという間に食べてくれました。この効果てきめんのワザは、小学生になっても使えましたよ。

「お風呂に入りたがらない」という相談もかなり多いです。毎日がバトルとおっしゃる方もいますし、実は我が家もそうでした。そんなある日、『女優力』を発揮してみたのです。まずは私が先にお風呂に入り、楽しそうにおもちゃで遊ぶ。そしてお湯をバシャバシャして、「うわ〜、楽し〜♡」って大きな声で聞こえるように言ったのです。そうしたら遊んでいたふたりの息子が我先にと走ってきて、自分で服を脱いでお風呂に入ってきました。『女優力』の勝利です！

6条　お母さんは子どもを比べない

きょうだいがいるご家庭の場合、気をつけてほしいセリフがあります。

「お兄ちゃんなのに、こんなこともできないの？」「お姉ちゃんだから、自分でしなさい」

こういった発言で**きょうだいを比較すると、きょうだい仲が悪くなります。**子どもは好き好んでその順に生まれたわけではありませんから。なので我が家では順番を決めるときは必ずジャンケンで、イチゴを分けるときもきっちり同じ数でした。お互いを「がいと」「けんご」と名前で呼ばせあい、私も長男を「お兄ちゃん」と呼ばないことで、きょうだい対等を意識しました。

3歳と0歳の姉妹がいるパーソナルサポートのお母さんが、「下の子が生まれて以来、上の子が反抗的で困っている。『お姉ちゃんでしょ！』と言うと、下の子をつねったり、嚙《か》みついたりする」と相談に来られた際には、まずは上の子を毎日ハグして「大好きだよ」「宝物の◯◯ちゃん♡」などと頻繁に声掛けをお願いしました。さらに、**上の子の甘えは何より最優先**で聞いてあげること。お母さんご自身は、姉妹を同じように愛していると思っていても、どうしても下の子に手をとられるため、上の子は敏感に「自分は二の次になった」「怒られるのは下の子のせいだ」と思ってしまうのです。

具体的には、お母さんが手をかける割合を上の子7割、下の子は3割くらいにしてもらいました。上の子が「下の子を見てあげなくて大丈夫？」と言いだすくらい愛情を注いであげます。そして上の子が下の子に優しくしたときには、「お母さん、助かったわ、ありがとう。優しい○○ちゃん」と、お母さんと下の子ふたり分のありがとうを伝えます。そのお母さんは1年以上かけて、無事に関係修復できました。この方のケースのように、その後のお母さんの変化で親子の絆は取り戻せます。子どもが大きいほど時間はかかりますが、中学生で絆を取り戻せたケースもあります。もちろん、きょうだいだけでなく、ほかの子どもと比較するのもご法度ですよ。

7条　お母さんはあと回しにしない

食事の準備中に子どもが「これなあに？」と本を持ってきたらどうしますか？　「今、お母さんは料理中でしょ。あとでね」とつい言っていませんか？　でもこの「あとでね」を聞いた子どもは「お母さんが忙しいと聞いちゃダメなんだ」と思ってしまい、遠慮して聞かない癖がつくこともあります。

子どもの「なぜ？」に、すぐに答えてあげると、伸びる子どもが育ちます。もし料理が1品減ったとしても極力、質問には答えてあげてほしいのです。それくらい「なぜ？」にすぐに答えるほうが大切だからです。

わからないときは調べる方法も一緒に教えます。辞書を引いたり、図鑑を見たり。それでもわからなかったらパソコンで調べてみせる。**いろんな方法で答えが見つかることをお母さんから学ぶと、小学生になってから自分で調べられる子になり、「勉強は楽しい」につながります。**

テレビを見ているときにも、「この国がどこにあるか、調べてみようか」と、地図や地球儀ですぐに調べてみせましょう。私は、植物園や動物園や水族館に行った日は、図鑑でその日見てきたものを調べる癖をつけていました。興味を持つとそれ以外のページも見るようになるため図鑑を頻繁に見るようになり、知識が広がりました。

がんばって描いた絵や作った工作を持って帰ってきたら、家事をしている最中でも、「すごいね。ぺたほめしようか」と、子どもの気持ちを優先していました。何よりも子どもの「見て〜」に応えるお母さんを心がけたことで、親子の絆を深められたと思っています。

8

五感を使って、「アイデア脳」をどんどん鍛えよう！

真面目すぎる、融通がきかない、理屈っぽい、頭が固い……、こういった性格の子どもは、社会に出るとつらくなる傾向があると聞きます。いわゆるペーパーの勉強ばかりさせ、論理的思考ばかりを重点的に鍛えた子どもたちに、このようなケースが多いようです。幼児教育の低年齢化も進む昨今で、このような子どもたちはますます増えていくと思われます。

第1志望の学校に合格したものの、次に進む道がわからなくなり、「燃え尽き症候群」になる子どもも問題視されています。受験合格だけを最終目標にするとこうなるのでしょうか。それ以降のほうが人生は長いというのに。

生きていると誰でも困難にぶち当たります。だからこそ、そのときどきでどう柔軟に対応ができるかが、幸せに生きていける秘訣だと思っています。私は息子たちに、生きづらい大人になってほしくなかったので、小さいころから、かしこくて柔軟な思考力が育つよう鍛えたいと考えました。これらの思考力が高いと、たくさんのアイデアもひらめきます。私は柔軟な思考力のことを「アイデア脳」、論理的な思考力を「論理脳」と名付け、この両方を備えたバランスのよい子どもに育てることをめざしたのです。

「アイデア脳」が発達すると、本番に強い、ストレスに強い、工夫や発想力にすぐれている、判断力・決断力が身につく、記憶力がよくなる、AI（人工知能）と共存できる……等々、人生においてかなりの可能性が広がり、ストレス社会だって楽しく生き抜けると思うのです。判断力がすぐれていると、小中高でリーダーに抜擢《ばってき》されることも多くなります。うちの息子たちも、中高と文化祭のリーダーや体育祭の応援団長になり、「アイデア脳」の力を発揮していました。発想も豊かになるので、「○○がダメなら△△にしよう」と、すぐ次案を思いつけるようになります。これは大人になって悩んだときにも必ず役立つはず。

難解な数学を解く場合など、さまざまな解き方があるので、「論理脳」だけではなかなか太刀打ちできないものの、「論理脳」＋「アイデア脳」を組み合わせると、解きやすくなることもあるでしょう。

テスト本番で実力を発揮できるのも「アイデア脳」の持つ力だと思っています。うちの息子はふたりとも本番に強く、大学入試センター試験本番で自己最高点を出せました。これは子どものころから「アイデア脳」を鍛えたおかげだったと思っています。

「アイデア脳」を育てる取り組みは、指先を鍛えることから始めました。「手は第2の脳」ってよく聞きますよね。私は日本心理学会認定心理士でもありますが、大学で心理学を勉強したときに、手と指、脳のつながりはとても大きいことを学び、これはどんどん子育てに取り入れなきゃと思ったのです。

「ママ塾」で記したお絵かき（P62）は、もっともやってほしい取り組みです。加えてぴったりなのが「砂遊び」。砂を使った箱庭療法があるように、砂遊びでは指先が鍛えられ、さらに情緒の安定も得られます。砂の触感は脳への刺激にもなるでしょう。おもちゃの貸し借りで協調性や思いやりも身につきます。私は幼稚園を選ぶときでも砂場の大きさを重視しました。もし砂場のない園に通っておられたら、休日は砂場のある公園に積極的に出かけましょうね。

折り紙もおすすめです。折り紙は上達するほど細かな作業ができるようになるので、指先のトレーニングに最適です。脳への刺激に加えて、集中力も養われます。次男が年中のときは、紙飛行機大会で1位をめざしてふたりで何十個もの紙飛行機を折りました。飛ばし方まで特訓した結果、本番では、みごと1位に！　たかが紙飛行機大会といえども立派な自信につながり、ママの信用度までアップできました。年長になった息子たちはかなり複雑なものまで折るようになり、私ですらできない2連のツルまで折れるほど上手になりました。

与えられた工作キットよりも、廃材の工作のほうが「アイデア脳」が鍛えられます。牛乳パックやプリンのカップ、ラップやトイレットペーパーの芯は、子どもにとってダイヤの原石みたいなもの。最初はトイレットペーパーの芯ふたつをセロテープで貼りつけるだけでもいい。それだって指先を鍛えます。

うちの息子たちはテレビの『ピタゴラスイッチ』（NHK Eテレ）が大好きで、牛乳パックをレールのようにつなげてビー玉を転がす工作が大得意に。数えきれないほど作りました。廃材を使う工作は指先も使うし、柔軟な発想をする訓練になったと思います。ゴールをめざして創意工夫するこの遊びでは、「アイデア脳」＋「論理脳」が大変鍛えられ、このときに得た発想力と自信は、後々にも役立ったと感じることが多々ありました。

そのほか積み木やレゴブロック、粘土、料理やダンス……五感に刺激を与える取り組みは、時間とお金が許す限り、いろいろやってみるのがいいと思います。やればやるほど「アイデア脳」が鍛えられ、本人の引き出しも増えます。**遊びでトライ&エラーを繰り返すことで、困難を乗り越える力も身につきます。**

未就学児には、習いごとよりも家で「ママ塾」（P52〜）を推奨していますが、「アイデア脳」を鍛える取り組みも「ママ塾」の一環として、親子で楽しみつつ取り組んでいただきたいです。

どれも算数のように明確な正解がないため、お母さんの「すごいね」「がんばって作ったね」といった言葉がすべて正解と同じ意味を持ちます。となると『女優力』は最重要。お母さんがみごとな演技をすればするほど、自信がつき、やる気につながる。そしてどんどん最強の「アイデア脳」が育っていくのです。

幼児期からプランターで野菜や花をたくさん育てました。目的はどう育つかを実際に見せること。野菜は収穫できるので大喜びでした。

幼児のころ、ビニールと竹ひごでたこを製作。たこが自分で作れることを教えるのも「アイデア脳」を育てます。市販品のように空に上がりますよ。

コラム1

子どもに寄りそえていなかった、せっかちな私の失敗

「子育てで失敗はなかったのですか」とよく聞かれますが、もちろんありますよ。特に長男は初めての子育てで、悩みました。

幼稚園に通いだした長男は、おとなしくて、自分の意見を言えないのが心配でした。

実は私、息子たちが生まれたときから「超かしこい子」に育てようと決めていたんです。でも、当時は、〝かしこい＋おとなしい子ども〟だと、いじめられるかもと思ってしまい、とても心配だったのです。とはいえ、かしこくすることは譲れないので（笑）、小学校にあがるまでに、自分の意見が言えるようにしなきゃと思っていました。

いじめは悩み相談でもとても多く、不登校、保健室登校など、他人事《ひとごと》とは思えません。幼稚園や保育園ではある程度、先生に守られますが、小学校で仲間外れやいじめなどの挫折感や、嫌な思いをすることはなんとしても避けたい。小さいころに挫折感を味わってしまったら、そのあとの人生でチャレンジ心が育たない子になってしまうかもとおそれていました。挫折を乗り越えて強くなった方もいらっしゃいますが、できる限り、事前にふせぎたかったのです。

でも長男は、何をしたいか、食べたいかを聞いても、「なんでもいい」。「なんのお絵かきする?」と聞くと「お母さんが決めて」。幼稚園で先生やお友達に「おはよう」も恥ずかしくてなかなか言えない。

「どうしたらいいんだろう?」とずっと悩んでいました。実はその原因は私にあったのです。

息子たちの幼稚園は保護者が訪問できる機会がとても多く、私も頻繁に通っていました。そのたびに、先生や誰かを捕まえては話すのが趣味のような私だったので、園バスの運転手のおっちゃんともよくしゃべっていたのです。

そんなある日、園バスのおっちゃんに、「がいと(長男)がおとなしくて、どうしたいとも、何が嫌やとも全然言わへんねん。私はしゃべるのがこんなに好きやのに、なんでかなあ」と、話してみたのです。すると、「お母さんが先々までしゃべりすぎてる。だから、しゃべれなくなるんや!」とズバリ言われてしまいました。ガーン!!

そのときに初めて気がついたんです。せっかちの私は長男の答えを待てなくて、「どっちでもいい」「お母さんが決めて」と言われると、すべて即答で決めたり、代わりに答えたりしていました。だから長男は常に待つ身の態勢をとるようになってしまったのかもしれません。よかれと思っていたことが悪かったんだ、と痛感した瞬間でした。「私が原因を作っていたかもしれない」、これに気づいたときは正直、かなりショックでした。

でも、年少でそのことに気づかせてもらえたのはラッキーだと思い直し、それからは「がいとがいじめられないようにする大作戦」と、がんばりました。そして、初めて子どもの思考のスピードが大人よりかなりゆるやかなことに気がついたのです。

長男の答えをゆっくり待つようにしました。せっかちな私にとって、実はこれがかなりの苦行で。でも私のイライラが伝わると長男はますます答えない。そして私の顔色を見てしまう。私は決して怒らないようにしました。だって答えられないようにしてしまったのは私なのですから。

何も答えない長男に対し、私も考えました。「今何して遊びたい?」って聞いたら、「なんでもいい。お母さんが決めて」と100%返ってくる。だから聞き方を変えたんです。「折り紙で飛行機作る？　お絵かきでお母さんの顔描く？」と、具体的なイメージがしやすい選択制にしました。そうすると何がしたいかを言えるようになれたのです。時間はかなりかかりましたが、作戦大成功。選んだものには、「これ楽しそうよね。お母さんもこれって思ったよ」と共感の言葉もそえて、安心できるようにしました。こう言うと、自分が選んだのは正しかったって自信が持てますよね。自分で決められないのは、これでいいのか、お母さんはいいと思ってくれるかが不安だからだと思うのです。選択制の質問を何度も繰り返すことで、答えの出し方がだんだんとわかって、時間はかなりかかりましたが、自分で決められるようになっていきました。

ここで気をつけないといけないのは、お母さんがイライラしないことと、選択制なのに「どうしてこれにしたの？」などと一度でも言ってはダメ。選んだときは、「そうそう。それいいよね」とほめて共感してあげること。選んでほしくない選択肢は事前に入れておかないようにしましょう。時間はかかるので、あせらない、せめないことも大切です。ゆっくり繰り返せば、必ずできるようになりますからね。

クッキーはこねて好きな形を作るのが楽しい。お菓子作りだって立派な「アイデア脳」作りです。

長男が年長、次男が年少のときにピーマン栽培。自分で作って食べられると、ワクワク感も育ちます！　嫌いだったピーマンも栽培して収穫させて料理までさせることで、食べられるようになりました。

2章
小学校
低学年編

9 小学校低学年はコミュニケーションを学ぶ時期と心得て

子育て熱心なお母さんの中には、小学校入学までに、簡単な読み書きや計算などをマスターさせている方も多いかもしれません。私も息子たちが幼稚園のころには1学年上のワーク（年長時に小学1年生用）に、小学校受験用のワークもさせました。なので小学1年生に進学したときには、授業はすべて理解ずみでした。

入学したての子どもにとって、毎日椅子に座っておとなしく聞く授業はつまらないかもしれません。ましてや先取りで勉強している子はなおさらです。でも私は**学校を「コミュニケーション能力を育成する場」**ととらえていました。コミュニケーション能力をあなどってはいけません。将来、子どもがどんな世界へ進出するにも役立つ大きな力ですから。

特に小学校低学年時に養われたコミュニケーション能力は、大きな基礎になると思っています。中・高学年になって受験勉強を始めたときに「塾で勉強している人は違うね」等々のイヤミを言われたり、いじめに巻きこまれたりしないためにも、この時期の人間関係の構築は重要です。そのためにはおもしろいことや、やんちゃが好きで、少しおバカなことができたり、ときには先生に注意されるくらいはめを外したりしても、みんなと楽しくやれていることのほうが大切。そして、それらをお母さんがすべて笑って認めてあげることが大切だと考えたのです。

「学校の授業は楽しく遊びのように参加する」をモットーにして、毎日「友達と楽しく遊んでおいで」と学校へ送り出しました。楽しく通えることだけで十分です。これを講座でお伝えすると、「本当にそれだけ?」「学校で遊んでおいでという発想がなかった」と言われます。でも、**幼稚園や保育園までは「勉強=遊び」って思ってきたのに、小学生になって急に行儀よく勉強しろと言われても戸惑う**と思うのです。それより子どもを気楽にさせる声掛けをいっぱいすることで、学校を心から楽しんでほしい。

少々、先生の言うことを聞かずにうろうろしてもOKとしました。先生から落ちつきがないと注意を受けたときも、本人には絶対言いませんでした。幼稚園から変わらない考え（P71）で、そこはスルーです（先生すみません）。

小学校低学年のお母さんは、特に学校の取り組みに対して子どもの「OKの基準」を下げてほしいと思っています。「元気に通っていて、えらいね」くらいでOK。これなら簡単にほめてあげることができますよね。

ノーベル賞をとった偉人たちの多くは、数々の失敗を重ね、やっと成功にたどりついていますよね。「失敗して怒られてもあやまったらいい」くらいに構えているほうが、きっと大物に育つと思います。「うちはノーベル賞なんてめざしてないから。普通の子になれればいいの」と言うお母さんもいらっしゃいますが、平均をめざしていては平均になるのも難しいものです。それに平均をめざしなさいと言う時点で子どもに期待をしていないですよね。これは子どもへの裏切り行為ですし、何より可能性を狭めることはもったいないと思いませんか。

私は「かしこいね、天才だね」と頻繁に言っていました。アメリカの教育心理学者・ローゼンタールの理論に、ピグマリオン効果というものがあります。他者から期待されると、期待されないよりよい成果を出せるという理論で、それを取り入れたのです。被験者（息子たち）と私（母親）の心の絆《きずな》が強いことが、最重要ポイントでもあります。

子育て本によっては、「かしこい」とか「天才」とか言うと子どもにプレッシャーがかかって伸びないと書かれているものもあり、確かに母子の絆が弱ければプレッシャーになり、逆効果だとは私も思います。でも母子の絆が強ければ、本当に自分は天才だ、かしこいんだと思わせ続けることがいい結果をうみます。我が家もピグマリオン効果の期待どおりの結果になったと思っています。被験者は息子たちから始まりましたが、最近では、私がお母さんたちにアドバイスをするパーソナルサポートや、ぺたほめ本気塾受講者のお子さんたちにも、続々と効果が現れてきています。

中学受験をめざすお母さんの中には、「学校は無駄だから行かなくてもいい」とおっしゃる方もいらっしゃいます。でも、**コミュニケーション能力をみがく場と考えると学校はとても重要。**それにお母さんが学校は不要と上から目線でいると、子どもまでそう思いがちです。そんな上から目線の態度は友達にも伝わるため、仲間外れになる可能性もあります。高学年になってからいじめられ、不登校になったという話もよく聞くのです。私はいろんな友達と仲良くなれるようにしておくほうが楽しみも増え、将来、さまざまな人と寄りそえる大人になれると思うのです。

10 小学校6年間でもっとも大切なのは、1年生の4月と5月！

小学校を最高のコミュニケーション能力育成の場とするためには、何より最初が一番肝心です。６年間の立ち位置は小学１年生の４・５月で大きく決まるといっても過言ではありません。お仕事をされている方もここだけは事前に仕事を調整するなどして、なんとか子どもと向き合えるようにしましょう。

まず４・５月は絶対に新しい習いごとを始めないこと。お母さんの中には入学したての１年生４月からはりきって習いごとをさせようとする方がいらっしゃいますが、それはもっともやめてほしいのです。

新たな友達作り、重いランドセルを背負っての通学、長時間拘束される授業。今までとは全く違う環境だらけで、子どもは疲れるのです。「楽しい」と言っていても、まずは環境に慣れることに全力を注いでほしいのです。私も長男の水泳教室とそろばん塾を始めたのは１年生の６月からでした。ずっと続けている習いごとがある方も、4・5月だけは休ませてもいいと思います。

私がここまで強く言うのは、入学して間もないころ、我が家に事件が起きたからです。長男が小学校に通い始めた4月のある日、長男の筆箱がゴミ箱に捨てられていたのです。担任があわてて家に来て、長男の横でその事実を説明し、あやまられました。その瞬間、「この先生にはまかせられない」と感じました。本人の横でそんな悲しい出来ごとを伝えたら、子どもはまた思い出して傷ついてしまうのに、その先生はそんなことも考えず、自分の保身から私に平謝りするばかり。「私が息子を守らなきゃ！」、その瞬間から決意し、私の中で長男の立ち位置確保プロジェクトが始動しました。決して犯人探しではないですよ。だって小学生の軽いいたずらかもしれないのに、それを大人が掘り下げてしまったらよけいに面倒なことになる。それより長男の友達関係をもっと詳しく把握しようと思いました。

毎日、学校の話は聞いていましたが、より詳しく聞くためにクラスメイトを把握したほうがいいと思いました。が、何度聞いても名前が覚えられない。顔がわからないのでイメージもしにくい。そこで入学式の写真をコピーして、子どもに聞きつつ名前を書きこみました。これでクラスメイトの名前が覚えられます。

「今日は何したの？」より、「今日は誰と遊んだの？」のほうが、より詳しい話が聞けます。そうすると頻繁に遊ぶ友達の名前がわかるようになりました。「〇〇くんを家に呼んでおいでよ。一緒に公園へ誘ったら？」と具体的なアドバイスもできます。毎日、学校の出来ごとを聞き、うまくなじめていないようなら「〇〇したらどう？」と提案したり、早めに先生に相談もできます。あらゆる困りごとは、早めに対処すると修復も早くなる。そのうち、私のアドバイスから友達と家で遊ぶようになり、のちに習いごとを始めてからも、同じ習いごとをしている友達と家で遊んで一緒に習いごとへ行くという、無駄のないルーティーンができあがっていきました。そして2学期には友達の前でギャグを言えるくらいに変わっていったのです。

お仕事されている方の場合は、入学の前に学童保育が始まるかと思います。学童にも校内外といろいろあり、地域によって違うようです。できればまずはお母さんだけで、下見に行ってみましょう。そこでいまいちだと感じたら、ほかを探すこともできますから。平日の放課後に見学するのもおすすめします。先生と子どもの人数はどれくらいか、我が子がどのように楽しく過ごせるか、見学するとなんとなくわかります。学童の先生に、ワークなどを持たせてもよいか、習いごとに通う場合はどうするのかなど、詳しく聞いておくと安心です。学校の宿題をさせてほしいと頼むのもよいでしょう。宿題をさせてもらえない学童だと、家で宿題をさせるのが大変だと聞きます。帰宅するころには親も子どもも疲れていますからね。どうしても合わない場合は、民間の学童もあります。1ヵ所に固執せず、お子さんが楽しく過ごせるところを探してくださいね。

ちなみに長男は学童に通っていなかったのですが、4月になってから、どんなところか見学に行きました。私と長男、幼稚園だった次男も一緒にです。そしてそのときも洗礼を受けました。長男の靴を隠されてしまったのです。隠した子は、母親連れで来た長男がうらやましかったのかもしれません。そこで、私はあえて靴を隠したであろう2年生の男児と仲良くしました。当時の学童では、カードゲームのUNO《ウノ》が流行《はや》っていたので、何日か通い、その男児からUNOを教えてもらいました。そしてその子の長所を探し、ほめまくったのです。「UNOができるなんてかしこいんだね。おばちゃんにも教えてくれる？　優しくていい子だねえ」って、たくさんほめました。そのうちその男児が、「おばちゃん、おれ、がいと（長男）守ってあげるわ」と言いだし、長男と一緒に集団登校してくれたり、バレーボール部にも誘ってくれたりしました。

どんな子どもにも、いいところがあります。そこを見つけてほめてあげると仲良くなれます。

もし可能なら、低学年のうちだけでもいいので、学校の行事、ボランティア、ＰＴＡ活動などにも積極的に参加するのもおすすめです。面倒くさいかもしれませんが、さまざまな情報が入ってきますし、先生や子どもたちとも仲良くなれます。

仕事で平日がどうにも忙しい方なら、友達を週末、家へ誘ったり、公園に行く約束をしたりしてはどうでしょう。最初は親が一緒でもいいと思います。私は幼稚園の次男も連れて一緒に公園へ行き、私もまじって高学年の子どもとドッジボールをしたこともありました。気がつけば「おばちゃん、おもろいわー」って私が人気者になっていたことも。小さな学校だったので、公園で仲良くなると、学校に行っても異学年の子どもからも話しかけてもらえるようになりましたよ。将来のためだと思って、最初の数年間、がんばってみるのはいかがでしょうか。

4・5月は個人面談や家庭訪問が多い時期でもあります。これは絶好のチャンスです。担任の先生にはよく思われたほうが絶対に得だと思いませんか。このときに悩み相談をする人もいらっしゃいますが、私はおすすめしません。だって4・5月は先生だってまだ子どもを把握できていない。こんな時期に悩みを相談しても、「悩み相談＝子どもの悪口」となり、先生に悪いイメージをインプットしてしまうだけです。それより、これぞまたとない「ぺたほめ」効果を倍増する機会だと考えて、子どものよいところをいっぱいアピールしましょう。

私は部屋中を「ぺたほめ」だらけにして、子どもを同席させ、先生の前でほめまくりましたが、先生も苦笑いでほめてくださいました。私と先生のふたりから同時にたくさんほめてもらえるなんて、滅多にないチャンスだと思って、最大限にいかしたのです。これから1年間が始まるというときに、「がんばりやさんです」「こんなことができます」「家でこんなお手伝いしてくれます」と先生にインプットしてもらったら、子どもの自信とやる気に必ずつながるでしょう。

11 かしこくておもしろい子が最強!! 〝笑い〟のセンスが身を助ける!

小学校生活ではコミュニケーション能力が育つと前述しましたが、すぐに友達とうまくやれない可能性もあるでしょう。

私はかしこくてもいじめられない最善の方法は、笑いのセンスがあるおもしろい子どもに育てることだと思っています。子どもの世界でおもしろいということは「最強のコミュニケーション術」で、同時に「リーダーシップ力」も養われます。また、これらは低学年から育てていくのが大切。中・高学年で受験勉強が始まっても学校生活を楽しむために、この土台作りを低学年のうちからやっておきたいのです。

低学年のうちに友達と遊ぶ時間が極端に少ないと、いじめなどにあう確率は上がります。受験勉強を楽しみながら乗り越えるためにも、「帰りたい家」と「学校での居場所」の確保はかなり重要です。家と学校の両方で認められないと、受験勉強を楽しみつつ継続することが難しくなりがち。塾通いをからかわれたりすると、「受験勉強をすること＝悪の根源」と思ってしまうからです。

テレビやアニメのマネをする我が子に「お笑い番組なんてくだらない」「そんなことしていたら、かしこくなれないよ」などと言わないでくださいね。子どもはお母さんの発言をマネするので、友達に対しても「そんな遊びはしたくない」「バカみたい」と冷めた発言をするようになり、それがいじめや仲間外れにつながる可能性にもなりますから。「受験のために小学校の友達とは多少うまくやれなくても仕方ない」と言う方もいらっしゃいますが、私はいじめられる経験なんて、一度もないほうが絶対にいいと思っています。そしてそれは親次第で未然にふせげるとも思っています。

おもしろい子に育てるにはどうしたらよいのか。

私はバラエティ番組や漫才を一緒に見て、子どもと一緒にマネをして遊びました。当時はテツａｎｄトモが流行していたので、「なんでだろ〜♪　なんでだろ〜♪」を歌っていました。まずは家族の中でモノマネをして遊び、次に親戚などの集まりがあるときに披露させ、笑いをとることのおもしろさを体感させました。

そして日頃から基準をゆるくすることも大切です。せっかく子どもが学校でおもしろい試みをしようとしても、「学校の規則でしょ」などと堅苦しいことを言っていては、おもしろい子は育ちません。ダメだと言う方もいらっしゃるかもしれませんが、うちの次男は6年生の修学旅行に、長い棒と非常用の大きな懐中電灯、トランプを持っていきました。消灯になってから布団の中に棒を立てて、大きな懐中電灯で布団の中を照らし、トランプするためです。この案を聞いた私は怒るどころか大爆笑で、「がんばりや〜」と言いました。もちろんすぐ見つかって怒られたそうですが（笑）。そりゃそうですよね。

ただ、子どもの中ではこの**発想力がリーダーになれる素質**なんですよね。それにはお母さんがゆるくしないと。将棋好きだった次男ですが、学校への持ちこみは禁止だったので、紙で盤から駒まですべて自作して持っていったこともありました。これには先生も苦笑でOKしてくださいました。

この話をすると、「あつこさんは関西人だから笑いがわかるけど、私にはハードルが高いわ」、とよく言われます。でも考えてみてください。**子どもにとって笑いは全国共通、違うのはお母さんだけなんです。**大人になると恥ずかしさが勝ってしまって笑いを忘れがちなだけです。ここは子どものレベルまで下がってほしいのです。「**子どもが笑っている＝おもしろいこと**」です。

一番簡単なのは「にらめっこ」。「変顔のおもしろさがわからない」と言われたお母さんがいらっしゃいました。「お子さんは笑っていますか？」と聞くと、「笑っていますが、私はおもしろくもなんともないです」と言うので、「お子さんが笑っているということは、おもしろいのです。お子さんにつられて一緒に笑ってください」とお伝えしました。真面目なお母さんでしたが、そうしていくうちに、笑いのツボがだんだんわかってこられたようです。

下品なくらいの笑いをとろう！

子どもって、大人が「え〜？」って思うほど低レベルな笑いが大好きですよね。にらめっこのときには鼻の穴に指を突っこみましょう！　これでたいがいのにらめっこには勝てますよ。「そんなことできない〜」って言わずに、ぜひトライしてみてください。お母さんがここまでプライドを捨てるとおもしろい子が育ちます。我が家では、①くしゃみをしそうになっているときに「わ〜っ!!」と大声でおどかして、くしゃみが止まるのをおもしろがる、②後ろから肩をトントンとして、相手がふり向いたら人差し指を立ててほっぺたに当たるようにする。相手は「だまされた〜」と言って笑う、③おならが出そうになったらわざわざ家族の目の前に行ってする、などが定番です。下品と思われるかもしれませんが、子どもって下品な笑いが大好きですよね。このくらいお母さんが完全にプライドを捨ててレベルを下げたら、どんなことでも笑いがとれる子に育つと思います。

子どもの世界では、おもしろい子はリーダーシップをとれる確率が高いです。そして人気者になる可能性も高いのです。おもしろい子に育って学校生活を楽しめると、高学年になっても、塾通いや受験勉強をからかわれたりしませんよ。

12 勉強を好きにさせるコツは、ほめてほめてのせて共感！

小学生になって帰宅後に宿題をさせるのが難しいという相談をよく受けます。帰ってきて「先に宿題しなさい」と言うと、子どもが「今しようと思ったのにやる気なくなったよ」と言い返してバトルになるとか。

宿題をさせたいときこそ、『女優力』を発揮する番です。ランドセルを置いただけで、「うわぁ、えらいなあ。疲れてるのに宿題するんだ」と、まずはほめてみてください。実際は全く宿題をしてないし、しようとも思ってない、だけど先にほめるのです。（え？　ランドセル置いただけでほめられた!?　じゃあ宿題しようかなあ）と子どもは思うみたいで、これ、意外なほど効き目あるんですよ。

「勉強しなさい！　何回言ったらわかるの？」と怒るより、ずっと効果的です。試しても子どもがしてくれない場合、まだ自分の『女優力』が足りないと思ってください。ガミガミする数を増やすより、女優力をみがくほうがお互いに平和ですよ。

私は息子たちが低学年のうちは、学校で「できる」を披露するためのサポートもしていました。「できる」「できた」は自信につながります。まずは今日学校でしてきたことと、明日することを聞きます。明日学校で「できる」を披露できる場があるかをチェックし、音読がある前日ならまず私が読んでみせます。「はい。お母さんから読みます」と学校で発表するように手をあげ、大きな声でおおげさに感情をこめて読んでみせる。このときに決して恥ずかしがったりしてはダメ。その次に子どもに読ませると、私のマネをするから感情をこめるポイントが再現できているのです。**子どもには、口で言うより、見本をみせるのが一番です。**

学校で発表があったと聞いた日は、「すごいね、さすが、えらいね、かっこいいよ」と、ほめ言葉のオンパレード。すると、「発表したらお母さんがほめてくれる」と思い、子どもは積極的になれます。お母さんの言うとおりにしたら学校でうまくいったという**小さな成功体験を日々重ねることも大切。**これで信頼関係もバッチリです。

成功体験を積み重ねると、参観日にも進んで発表してくれるようになります。恥ずかしがりやだった長男も、後ろにいる私を確認したら、がんばって手をあげるようになりました。帰宅後は「ほんまにかっこよかったで、えらかった」といっぱいほめる。もし手をあげなくてもそこはスルー。「どうして手をあげなかったの？」と追及したりせず、それ以外のことをほめます。「集中して先生の話を聞いてたね」「背筋がピンとしてた」「後ろ髪がかっこよかった」と、もはやなんでもいいので、とにかくその日の姿をほめまくりましょう。

ほめ順と声のかけ方を変えるだけでやる気アップ！

低学年の子どものお母さんからは、「ひらがなや漢字の書き順を教えるのが難しい」という相談もよく受けます。書き順は一度覚えると正すのが大変です。学校の先生だけではなかなかケアしきれない部分なので、ここはお母さんが寄りそう気持ちで正してあげましょう。「がんばって書けていてえらいよね。でもテストでは、漢字の何画目はどれですか、という問題もあって、書き順が違うだけで×がつけられてしまうんだよ。せっかく書けてるのに、×だともったいないよね。お母さんも一緒にするからがんばってやってみて」と、わかりやすく話します。ポイントは、**最初にほめる↓がんばりがむくわれない事実を伝える↓一緒にがんばろうと励ます**、この順番が肝心です。

これは大きくなっても使えます。「〇〇しなさい」と言う前にほめるだけで、子どもは自ら

「ちょっとやってみようかな〜」と思えるようになるんです。ほめると聞く耳まで少し大きくなるのです。

やる気の出る声のかけ方もあります。

「字はこう書いたほうがいいよっ！⤵」「書き順はこうだよっ！⤵」「宿題したのっ！⤵」「明日の用意はもうできたのっ！⤵」

このポイントは語尾です。語尾を短く切って低い声で下げて言うと、怒っているように聞こえます。同じセリフでも、

「字はこう書いたほうがいいよ〜⤴」「書き順はこうだよ〜⤴」「宿題したの〜？⤴」「明日の用意はもうできたの〜？⤴」

と変え、ひとりで声に出して練習してみましょう。変えるのは語尾だけです。語尾の「〜⤴」が大切なのです。これだけでなんだか優しく聞こえます。だから聞いてほしいときは、意識して語尾を長くし、声のトーンを少し上げ、ゆっくり、がコツです。子どもが行動してくれたら、「すごい〜⤴」「かしこい〜⤴」「大好き〜⤴」も忘れず言ってくださいね。こんな簡単なことを意識するだけでお母さんは優しい雰囲気になれるし、子どもとの絆がより深まると思います。語

尾についてもっと詳しく知りたいという方は、私のYouTube『藤田敦子のぺたほめ子育てチャンネル』の「たった1つ変えるだけ！子どものやる気がでる声かけ方法」という回をご覧ください。

それでも子どもが「難しくてできない」「無理」などと言うときは、お母さんの期待がわかっていて、先に防御している可能性もあります。この場合、まずは子どもに共感しましょう。「わかる〜。これ難しいよね。お母さんも7歳のときは解けなかった。でも○○ちゃんはかしこいからできると思うよ」と**ほめながらその気にさせる声掛けを続けてください。絶対にイラッとしないように**しましょうね。

私は難しい問題を解く場合、私と一緒に答えを見てもOKとしました。長男は自分のできない部分を認めたくなかったのか、答えを見ることを嫌がったのですが、「ノーベル賞をとった人だって最初はわからなかった問題があるんだよ。わからない場合は答えを見ていいよ」と説明しました。また、「これは難しい問題でお母さんもわからないから一緒に答えを見よう」と私から誘ったこともあります。**これは難しいよね、わかるよ、と共感してあげることが大切**なのです。

13 中高一貫校をすすめたいワケと、中学受験の現実とは

そもそもなぜ中学受験をさせるのでしょうか。私も含めて、多くの方がその先の大学受験を見据えるからこそ、中高一貫の進学校に行かせたいと思うのでしょう。私は息子たちに、できれば国公立大学の医学部に行ってほしいと思っていました。中学受験をさせたのは、**医学部や東大・京大などの難関大学をめざすには中高一貫校が圧倒的に有利**だと思ったからです。

まず知っていただきたいのが、難関大学をめざす中高一貫校にも大きく分けて、①私立進学校、②私立大学付属校、③国公立中高一貫校の３種類があるということです。どういう大学に行かせたいかによって選択が変わってきます。先々変わってもいいので、中学受験を決めるときにはおおまかに、「どこの大学に行かせたいのか」「将来はどんな職業に就かせたいのか」、なども決めておくことが中学受験必勝の第一歩になります。候補の大学に行くためには、①、②、③のどれを選ぶのがいいかも違ってきます。私立進学校と私立大学付属校、国公立中高一貫校では試

験問題の傾向が全く違います。行かせたい大学に付属中学があるなら、大学付属中学を初めから狙われるのが最短距離だと思います。

私の息子たちのように、大学は国公立医学部志望の場合、私立進学校を選ぶほうが有利だと思います。私立大学付属校からも国公立受験される方もいらっしゃいますが、付属大学へ進学する権利を放棄しなければならなかったり、周りの多くが受験をしない中で受験をすることのリスクなどもあります。どの中学を選ぶかは、大学合格の実績がホームページに載っていますから参考にしてほしいと思います。ホームページを見て行かせたい大学への合格者が少なければ、その中高に行っても合格の可能性は低いなど、現実がよくわかります。新設校に関してはデータがないので、ホームページを見たり、学校説明会に行くなどして、校長先生などに納得いくまで質問をされることもおすすめします。

中高一貫の進学校は高校2年生までに高校3年間のカリキュラムをすべて終わらせるところが多く、高校3年生の1年間は受験用の演習にあてられます。**浪人生と同じ土俵に立てることになり、現役合格が狙いやすくなるのです。**

中学受験で一番親子のバトルが大きくなる可能性を秘めているのが、「大きくなって子どもが自ら受験したいって言ったらさせます」と言うお母さんです。一見、子どもの意思を尊重して立派に思えるかもしれません。ですが、ほとんどの場合、子ども自ら受験したいと言いだすのは、学校で塾通いする友達から感化されるケースで、高学年になってからなのです。現実はそんな甘いものではありません。出遅れた穴埋めはなかなか難しいといえるでしょう。

中学受験の問題は特殊です。公立小学校で成績がよくても、中学受験の問題は全く別物です。特に算数は、公立小学校では全く習わない問題も多いのです。子どもの自主性に任せた場合、志望校に手が届かなくて受験校を変えざるを得ない場合も多く、「受験したいって言ったのにどうしてもっとがんばれないの？」などと、親子バトルが起こるケースが多いです。このような、お母さんが中学受験の現実を理解できていないことが原因の手遅れはとてもよくあるパターンで、「努力不足だ」などと、子どもに原因を求めてバトルになりがちです。

そうならないためには受験勉強の開始時期を把握して、それまでに親子の絆を深め、たくさんほめて認めてあげる経験を重ねて「がんばることができる心」をはぐくめるように、いわゆる見えないレールを敷いてあげてほしいのです。

通学可能な中高一貫校がない地方の方や、中学受験はさせたくないけれど大学は難関国公立に行かせたいと思われる場合は、将来戦う相手の多くが進学校に行っているので、中学受験をしたら合格できるくらいの実力をつけておかれることをおすすめします。

14 中学受験を成功させるために、小2からしたほうがよいこと

親子ともども納得して志望校を決めるために、私は小2になったら志望校の学園祭へ行くことをおすすめしています。学園祭は1年に一度しかありません。翌年は風邪などの急事で行けないという場合もあるので、念のために1年早く行くのがポイントです。最近は、オンライン学園祭などをしている学校もあります。

とはいえ、家から通えるすべての中学校へ行くのはやめておきましょうね。そうなると都市部在住の方は相当数の学園祭に行かなければならなくなりますし、もしお母さんがあまり行かせたくない学校を子どもが気にいってしまったら、バトルの原因にもなりかねません。まずは学校や塾のホームページで校風や偏差値を下調べして、ここなら通わせたいと思える学校だけに行ってみましょう。子どもから、「ここに通いたい！」と、どこを言われてもOKなようにしましょうね。

我が家は3校の学園祭に行きました。目的は、子どもが塾へ通う前に学校を気にいり、勉強の目標を具体的にすることでした。子どもが学校を好きになるよう、学園祭ではとにかく楽しませることに専念しました。模擬店では好きなだけ買い物をし、学校の食堂でも食べました。教室や特別室、体育館まで展示があったので、校内のすみずみまで見学できます。教室での展示を見たときは、「洛星中学に通えるとひとりずつの机が真っ白で大きいね。こんな大きな机だと勉強しやすいよ」「食堂はきれいだし、おいしいね」と、よいところを声に出してインプット。「運動場が広いわ。これならクラブも体育もきっと楽しくなりそう」「温水プールだから一年中泳げるね」などと、いちいちアピールしました。そうすると家に帰ってからも思い出しやすいですしね。モチベーションアップを維持するため、校名入りグッズを買うのもおすすめですよ。

在校生とふれあえることもとてもよかったです。できるだけたくさんの生徒と話して、学校や行事、先生のことなどいっぱい聞きました。ホームページだけではわからない学校の中身を知りたかったし、実際の生徒とふれあうことで、息子の中学生像もイメージできました。

うちの息子は楽しく受験勉強しましたが、ふたりとも元から頭のよい天才タイプではありません。でも早いうちに「この学校に行きたいからがんばろう」という目標を掲げたことで、努力をおしまないようになりました。目的が具体的だからこそ、モチベーションアップして、楽しくがんばれるのです。

長男は、洛星中学には温水プールがあることと、一緒に遊んでくれた在校生の優しさにひかれていました。次男はサッカーがしたかったため運動場の広さと、将棋部の在校生に将棋の相手をしてもらえたことがよかったようです。「洛星行って、サッカー部と将棋部に入る！」と宣言し、実際に入学してから兼部していました。学園祭をまる1日かけて満喫することで目的ができたのです。

「学校説明会でよいのでは？」というお母さんもいらっしゃいますが、説明会では一部しか見られないことがほとんどで、学校によっては、親子が別会場になるなどの条件もあります。それに比べて、学園祭はどの学校でもほぼすべての施設を見ることができて、親子一緒に楽しめる。なのでやはり学園祭がおすすめなのです。

15 かしこくなるリビング学習の秘訣《ひけつ》

東大生の多くが小学生時代にリビングで勉強していたという話はよく聞きますよね。うちも塾に行くまではそうでした。「じゃあリビングで勉強させたらいいんだ！」と思ったらそれだけでは大間違いですよ。リビング学習を効果的にするにはそれなりの向きあい方があるのです。

リビングで勉強させるメリットは、「見つめる時間が増えること」です。小学生になると幼児のころより、「見て見て」と言う数が減るだけに、「見続けること」ががんばれる子を作ります。幼児のときと同じく、お母さんはわからない事柄にすぐに答えてあげることが大切です。

我が家では息子がリビングで宿題をする間、私が夕食の支度をしていましたが、「ママは聞いてもらえるのがうれしいから、わからないことはいっぱい聞いてね」としつこく言いました。子どもが遠慮して聞かなくなることを避けたかったのです。

勉強って、わからないところがなくなると楽しくなると思いませんか？　なので「わからない」と言ってきたら、すぐに辞書や図鑑で調べてみせましょう。「もう小学生なんだから自分で調べなさい」なんて言われると、勉強嫌いになるかもしれません。「辞書ってすごいよね」「図鑑にはいっぱい載っていて楽しいよ」と、何度も何度も見せてあげるのです。パソコンやスマホで調べてもいい。それらをずっと繰り返すことで、やっと子どもはいろんなもので調べられるんだと気がつくのです。

「リビングに地図を貼っているけど、うちの子は興味をもちません」というお悩みを何人かから聞いたのですが、当たり前です。子どもはひとりで地図を見て勉強なんか絶対にしません。ひらがな表やカタカナ表なども一緒です。まずは**お母さんからの声掛けでどうやって使うかを教えてあげないとわからない**のです。一緒にテレビを見ながら出てきた地名を地図や地球儀で調べてみせたり、旅行に行った場所を地図で見せることで、「こんなふうに使うんだ」と徐々にわかり始めます。「かしこい子どもの家には辞書と図鑑と地球儀があると聞いたから」と置いているだけでは、ただの飾り物にしかなりません。地図もただの壁紙です。どんどん声をかけて使い方を教えてあげてください。

リビング学習の根本で一番間違いがちなのは、子どもを監視するべきと考えているお母さんです。「リビングでちゃんと勉強しているか見張っています」とか、「サボっていてもリビングだと注意しやすい」と言う方がいらっしゃいますが、これだと初めから子どもはサボるもの、子どもは勉強しないものと疑ってかかっています。疑うと子どもはさらにやらなくなります。ぼーっとしていたとしても、「休憩も大切だよね」と優しく声をかけてください。リビング学習する子どもを疑ってかかり、監視してしまったら、勉強嫌いになってしまいますよ。

東大生アンケート

小学生時代の自宅学習場所は？

2018年7月20日〜26日 東大赤門前調べ他

※ウェブサイト「チイコミ！」内「東大生100人に聞いた 気になる！ 小学生時代のライフスタイルアンケート」の結果から作成
https://chiicomi.com/press/13868/

16 小学生は「自己申告制ぺたほめ」と、「ぺたほめしあいっこ」で伸びる！

小学生になると、急に「ぺたほめ」を迷い始めるお母さんがいらっしゃいます。「幼稚園ではお絵かきや工作を『ぺたほめ』したらよかったけれど、小学校から何を『ぺたほめ』したらよいか、わからなくなった」「テストは点が悪いから貼りたくない」と、それまでは「がんばり」を「ぺたほめ」していたのに、急に「結果」を求める方も多くなります。

「ぺたほめ」は自己申告制ですから、そんなときはお子さんにこちらから「がんばったものは『ぺたほめ』するから持ってきてね」と誘ってあげましょう。持ってきたら、「がんばってえらかったね」と、がんばりをほめて貼ってあげればよいのです。

持ってきたものが、もし50点のテストでも怒らずに聞いてみるのです。そしたら、「この前30点だったから、50点はがんばったんだ」「このテストは難しかったけど一生懸命考えたの」と理由がわかるかもしれません。お母さんから見てそれほどじゃない絵を持ってきても、「どうして貼ってほしいの？」と聞くと、子どもなりの理由があったりします。

私は小学生になってもいろんなものを「ぺたほめ」し続けました。テストやそろばんのプリントも貼りましたし、学校に提出すると戻ってこない作文や理科の研究プリントは、カラーコピーや写真にして「ぺたほめ」しました。絵は幼稚園のときからものすごい数を「ぺたほめ」したおかげで大得意に。

夏休みには、「絵の賞を狙う」という目標も加えたところ、さらに1枚に時間をかけて挑むようになっていきました。絵もテストも一番伸びる秘訣は、過去の自分に勝つこと。夏の公募に3年連続でザリガニの絵を描かせたところ、過去の絵よりどんどん上達して、3年生では絵画展で入賞できました。

「ぺたほめ」は努力を惜しまない子を育て続けます。ほめられたいから努力し、その努力は認められる、むくわれることを実感すると、ますます努力できるようになります。そして受験の苦しいときも、そこで得たパワーを発揮できるのです。

小学生には親子で「ぺたほめしあいっこ」もおすすめしています。「今日のお母さんは怒らなかった」など、お母さんのがんばりを子どもに評価してもらって「ぺたほめ」してもらうのです。お母さんが「ぺたほめ」してもらう場合、カレンダーにシールかスタンプがおすすめ。そうすれば○月○日という日付も覚えられて一石二鳥です。

毎日、子どもに「今日のお母さんは『ぺたほめ』できるかな？　ダメかな？」って聞いてみてくださいね。子どもはお母さんを評価できることをとっても喜びます。だってこれなら子どものほうが完全に立場が上になれるのですから。

もし子どもがシールを貼ってくれなかったとしても、怒らないでくださいね。あるパーソナルサポートをしているお母さんは朝から私にＬＩＮＥをしてきて、「朝、学校に行く前に息子がカレンダーにシールを貼ったのです。今から怒るかもしれないのに先に貼るなんてバカにしてると思って、朝からどなり倒しました」と激怒。そのお母さんには「お母さんは怒るかもしれないのに、先に貼ってくれてラッキーと思いましょう。冷静にね」と返事しました。子どもは「お母さん、今日も怒らないでね」という願いをこめていたのかもしれませんからね。

子どもがあまり「ぺたほめ」してくれないという場合は、どうして子どもから評価されないかを考えてみましょう。お母さんの子どもをほめる基準が高いと、子どものお母さんに対する基準も高くなり、なかなかシールを貼ってくれないケースも多いです。自分は子どもをたくさんほめているか見直してみましょう。**お母さんがたくさんほめるようになると、お子さんもそのように変わっていきます。**「ぺたほめしあいっこ」は、親子で「認める」のしあいっこです。お互いに評価しあっていくと、楽しいだけでなく絆が深まりますよ。

17 得意教科は理科を狙え！遊びながらかしこくなれます

勉強好きにするためには、絶対、得意教科が必要です。得意教科がひとつでもできると自己肯定感が高まり、勉強することが楽しくなれるからです。

私は息子たちが幼児のころから引き続き、小学生になっても理科を鍛えようと考えました。理科には「わくわく」「どきどき」といった驚きと感動がつきもの。「わくわく」というプラスの「感情」と「勉強」が結びつくと、一生ものの「勉強って楽しい」という気持ちの基礎を作ることができます。

算数はまず計算ができないと次に進めませんし、国語も読み書きと漢字ができないとつまずいてしまいます。さらにこの2教科はお母さんの教える力が入りすぎてうまくいかなくなることが多々あります。「できないのを正してあげなければ」という思いから注意することばかり必死になって、「がんばってる」と「ほめる」を忘れがちになったり、がんばっていても、「やって当たり前」ととらえてしまったり。結果、怒ることが増えてしまい、子どもにとっては、「勉強するとお母さんが怒るから楽しくない↓勉強は楽しくない↓勉強は嫌い」、となりがちです。この時期に勉強は嫌いとインプットされてしまうと、最悪の事態にもなりかねません。

理科は、植物、動物、天体、音、力学、電気など、たくさんの分野があります。どれかひとつの分野が好きなだけで、子どもは「理科が得意」って思えます。さらにお母さんが『女優力』で、「○○は理科が得意だよね」とプッシュしたら、子どもはますますそう思えるようになります。

理科好きにするためには、低学年の間にお母さんと一緒に理科の基礎になることをいっぱい体験させておくことが大切です。自然や動物にふれたり、不思議な理科実験をしたり。お母さんとの楽しい時間を通じて、「理科は楽しい」と記憶させていくのです。理科って見て体験するだけで勉強になることがいっぱい。お母さんも楽しく取り組めるうえ、「勉強をさせている私ってすごい」って思いやすい。子どもは低学年のうちから「よく知ってるね～」などと周りからほめられる頻度が多くなると、ますます自己肯定感が高まる。親と子、両方によい教科なのです。

我が家では長男が2年生のときに、「カブトムシをつかまえてみたい」と言いだしたので、どこにいるのかを一緒に調べて夜に出かけました。クヌギの木を懐中電灯で照らすと、たくさんのカブトムシがいて私まで感動しました。ザリガニは割りばし&スルメでたくさん釣りましたし、オタマジャクシも家で飼いました。オタマジャクシはしっぽがだんだん短くなる様子をしっかり観察でき、大量のカエルに成長しました。息子たちは「まだ飼いたい！」と言いましたが、図鑑で調べるとカエルは生きた虫をエサにすることが判明。「お母さん、カエルのために毎日ハエや蚊をとるのは無理やから」と説明して池に放しました。チョウはなかなか探せなかったものの、イヨカンの木を買って育てたら、アゲハが卵をうんで幼虫がとり放題になりました。冬には実も食べられたので一石二鳥です。イヨカンや小さなキンカンはプランターでも育つんですよ。

これらは一見遊びのようですが、すべては「知ってる」を増やすためでした。「知ってる」がひとつでもあると理科が好きになれます。次男が高学年になり塾に行くようになったある日、「聞いて〜。今日の塾のテストで、『チョウのタマゴは1ミリ、5ミリ、1センチのどれでしょう？』って問題が出たで。ふざけてるやろ？　1センチやったらおばけのチョウが生まれるやんなあ」と話してくれたことがありました。引っかけ問題ですが、何度も飼ったので息子にとっては常識。でもペーパーだけでしか覚えていない場合、「1」しか覚えていなかったら間違ってしまうかもしれませんよね。**この体に知識が染みつく感覚は、どのステージの入試においても強い武器になります。**

多くの生き物を飼い育てましたが、「ちゃんと世話しなさい」と言ったことはありません。これらの世話は全部、私の仕事と思っていたからです。だってこれを勉強と思ってさせているのは私ですし。それに私が世話するって決めると、息子たちがエサをやったり、水をかえてくれたりしたら、「ありがとう、助かったわ」と言えますよね。ガミガミ言うより、そのほうが子どもは世話をしてくれます。

理科好きにするには道具も必要です。顕微鏡を買って花粉や葉脈などを見せたし、天体望遠鏡も与えて月を観察しました。それらを一緒にするのは大人だってわくわくするでしょ。ほかにも温度計を買って氷に塩を混ぜて測ってみたり、塩の結晶を作ったり、シャボン玉液に洗剤を混ぜて割れにくいシャボン玉を作ったり。うちの息子たちはこんなわくわく感を重ねて、**「理科は楽しい」がインプット**されていったのだと思います。

科学実験教室に通うと高額なので家で調べて、ママ塾（P52）のひとつとして「ママ実験教室」もしていました。理科はお母さんと一緒に楽しめる遊びです。日頃から実験をたくさんしたことで、夏休みの自由研究では、長男は2年生の「カブトムシの行動」、次男は3年生の「メダカの研究」で賞をいただけました。

理科はそんなに大切だと思わないお母さんが多いようで、勉強の中でもあと回しにされがち。それが理科嫌いになる原因のひとつでもあると思います。中学受験になって、いきなりテキストで理科が出てきて、しょうがないから覚える、これでは嫌いになっても仕方ないですよね。

我が家でのたくさんの取り組みをした経験は高学年になってもおおいに役立ちました。「知ってる」をたくさん増やして理科好きとなり、受験勉強の大変な中でも「こんなこと知ってる僕って天才かも！」と、モチベーションアップにつながったそうです。高学年になってからも休日には科学館や博物館など、あちこちに行きました。楽しいから行ったのもありますが、「知ってる」をさらに増やすためでもありました。

毎日のように食べるお米は、どうやって作られるのか？ を教えるために、田植えと稲刈りの体験をさせていました。もちろん私も一緒にです。

ときには「動物園へ行って絵を描こう！」と誘いました。画版と絵の具を持参で行くことも。

18 ストレス過多な小学生こそ「お母さん＝帰りたい家」が重要

小学校に通い始めた子どもは、授業の拘束や友達とのトラブルなど、ストレスを抱えて帰ってくることもあるかもしれません。へこんで家に帰ってきた日こそ、お母さんの対応が大切です。「男の子だから泣いたらダメ」「どうしてもっとがんばらなかったの？」など、否定する言葉は絶対にダメです。「お母さん＝帰りたい家」でいなければなりません。「くやしかったね。わかるよ」と賛同しながら強く抱きしめてあげましょう。この時期に、楽しい、悲しい、くやしいって心の感情をすべてさらけ出せることは大切なこと。**すべての感情に共感してくれるお母さんがいると、自分は認められているという自己肯定感につながります。**

我が子をまるごと愛さなければと頭ではわかっていても、小学校に行くとお母さんはどうしても厳しくなりがち。それは今までと違って勉強に点数がついてしまうので、つい結果のみに目がいってしまうから。そしてほかの子と比べてしまう。**もっともダメな比較はきょうだい比較です。**

「お姉ちゃんなんだから○○しなさい」「お兄ちゃんはできたのに、どうしてあなたはできないの」といった言葉を投げつけられると、「私はダメなんだ」「お母さんの期待に応えられない」「僕は好かれてない」と自己肯定感が低くなり、最悪の場合は自分はいらない存在だと思ってしまうことも。

テスト結果で評価するのもダメです。お母さんが満足いかない点数のときは、本人はもっとわかっているはず。「どうしてこんな点数しかとれなかったの?」ではなく、「くやしいよね」と、まずは共感してあげましょう。そして「がんばっていたのは知ってるから、次はいい点がとれるよ」「人間だからわかっていても間違うときはあるよね」と、努力を認めたうえで励ましの言葉をかけると、「お母さんはわかってくれている」と次のがんばりにつながりますから。**存在をまるごとすごいねって認めてくれていることが、すべてのがんばりの源になるのです。**「帰りたい家と、帰りたいお母さん」、このふたつが根底にあってこそ、子どもは輝けるのです。

家のお手伝いが自己肯定感を高めるためにとても役立つことはふれました（P44）が、お手伝いができたら、「ありがとう、お母さんは助かった」と強調してくださいね。

息子たちは、家でのお手伝いをほめ続けたら、学校でもいろんなことに積極的になりました。クラス委員に立候補したり、みんなの前でおもしろいことを言ったりして、友達が増えたのです。学校の片づけなど面倒なこともすすんでやるようになり、先生にまでほめられました。こうして家と学校の両方で存在を認められると、本人はますますがんばります。**「役に立っている」実感を家だけでなく、友達と一緒にいるときや学校など、いろいろな場面で経験し、自分は必要な人間だという認識を広げていけるのです。**

家庭内レジャーは、一緒に料理がおすすめです。食の中には作る喜びもあることを体感します。まずは簡単なスイートポテトや白玉だんご、市販品のフルーチェなどのデザート作りからスタートがおすすめ。これらは失敗がほぼないから、ほめるばかりになるのもいいところです。

我が家ではデザートのほかにも餃子《ギョーザ》包みをしましたし、子ども用包丁を与えると、ハンバーグやカレーまで作れるようになりました。苦手だったピーマンは、栽培から始めて収穫後、じゃこピーマンに調理させると食べられるように。「けんご（次男）の作ってくれたじゃこピーマンは、魔法のピーマンやから、むっちゃおいしい～！」と大絶賛。子どもが作った料理に『女優力』で「魔法」とつけると、たいていの嫌いなものを克服できたのです。ときには釣り堀や海釣り公園へ出かけ、釣った魚をさばいて食べたり。次男は今や魚をさばくのが私より上手です。

「かしこかったら料理はできなくてもいいんじゃない？」「勉強のさまたげにならないの？」と聞かれたこともありますが、私はどんなことでもほめて、自信につなげたいと考えました。「自分ってすごい」がひとつでも増えるほうが将来の役に立つと思うからです。小学校低学年は、まだまだお母さんとの時間が大切。ぜひ料理を通して「自分ってすごい」の実感をいっぱいさせてあげてほしいと思います。次男は中学校の家庭科でリンゴむきのテストがあり、クラスで１番だったとか。長男は高校の料理コンテストで学年２位、副校長賞をもらったんですよ。

小学校高学年になると、長男を塾に迎えに行っている間に、次男がごはんの用意をしてくれていたことも。母子家庭の私にとってはすごく助かりました。次男は今、大学生ですが、この本を書き始めて忙しくなったとき、買い物から料理まで何度もしてくれました。私は「助かる〜。ありがとう〜」と言い続けています。かしこかったら料理はしなくていいというより、かしこくて料理も作れる子になったほうが楽しみが増えませんか？

19 習いごとを本物の力にするには、明確な目標を

小学生で習いごとをさせる場合、まずはお母さんにじっくり考えてほしいと思っています。事前に計画をねっていただきたいのです。ありがちな失敗は、体験教室に行って子どもに決めさせようとするパターン。体験教室は入りたくさせることを目的とした内容なので、子どもにとって楽しくなるように仕組んであることも。たくさんの体験教室に行かせてみたら、子どもが全部習いたいと言いだして困っているという話はよく聞きます。

まずはお母さんが習いごとを厳選しましょう。次に計画です。なんのために習わせるのか？　そして目標は？　いつまでやらせるのか？　小学校低学年は遊ぶ時間を確保しないといけないからこそ、よくよく考える必要があります。

私が絶対に習わせたいのはそろばんでした。暗算が得意になるし、計算が好きになると算数好

きにもつながる。これは将来、中学受験や大学受験でもかなり有利になると考えました。また、そろばんの検定試験は商工会議所や商業高校で行われるので、小学校低学年から試験本番の緊張感を味わえますし、それらをクリアしていけば自信もつく。メリットがいっぱいだと感じました。目標は小学4年生で1級をとること。私が2級だったのでそれよりは上に行ってほしくて、息子たちにも「お母さんに勝ってほしいから1級を目標にしよう」と伝えました。

長男は1年生の6月から習いに行きましたが、そこから4年生までに1級になるにはかなり戦略的にしないと難しいのです。幼稚園のときのご褒美といえば、たくさんほめることと、がんばりシール（ぺたほめシール）でしたが、小学生からはモノでご褒美を与え、がんばってもらう作戦に変えました。モノで釣ってはダメという考えもありますし、私も幼児の年少から年中くらいまではダメだと思っています。でも**年長くらいになり親子の絆がしっかり築けていれば、モノで釣るのは効果絶大**です。親子の絆が深いと、モノはシール同様で、私ががんばりを認めた証拠だとちゃんと理解できます。

そろばんの進級合格のご褒美は1000円以内ならなんでもOKとしました。ご褒美で文房具や本を与えるお母さんも多いけど、それより自分のほしいモノのほうがモチベーションアップにつながると思ったからです。当時、長男が選んだのは700円くらいのベイブレードでした。20級から始めたそろばんは毎回のように検定試験に合格し、新しいベイブレードほしさに、自ら毎晩そろばんを練習するようになりました。

次男には年長の夏休みから私によるママ塾でそろばんを教え始めました。次男が、「がいとだけベイブレード買ってもらえてずるい」、と言ったので、「ママ塾でそろばんを覚えて、ママ検定に合格したら買ってあげるよ」、と始めたのです。次男は幼稚園から帰ると毎日、自らそろばんをするようになり、九九も覚えてから、「ちびっ子そろばんフェスティバル」に出るために年長の3月でそろばん塾デビューしました。先生から「この子、幼稚園児なのに九九を覚えてるよ」と、みんなの前でほめられたものだから大喜び。その後、すごい勢いで進級していきました。

これこそ私の作戦勝ちです。この作戦の成功により、4年生で1級獲得という最初の目標を大幅に上回って、長男は4年生で初段、次男は3年生で4段をとることができました。その後の中学・大学受験でもそろばんで身につけた力が役立ったと思っています。

水泳教室も目的があって習わせました。小児ぜんそくだった私の体質をふたりとも受け継ぎ、呼吸器系が弱かったので丈夫にしたかったのです。目標は4泳法ができることと、体力をつけることでしたが、目標以上にがんばってくれ、よい成績も残せました。年少のころの長男は顔に水がかかることすら嫌って泣いていたのに、認めてあげることで、子どもってどんどんがんばれるものです。ちなみに水泳の進級テスト合格のご褒美もベイブレードでした。

うまくいかなかった習いごともありました。英語が話せたらと英会話教室に行かせましたが、4年生でやめてしまい、あまり効果を得られませんでした。空手も1年ほど習わせましたが、あとでふたりともから、「いらなかった」と言われてしまいました。どちらも具体的な目標を掲げてなかったことが原因だと思います。途中で変わってもいいので、ぜひ**具体的な目標を決めて計画的に習わせましょう。**すると習いごとが持続できて、すごい力が身につきますよ。

20

たわいない将来の夢だって否定せず、勉強のチャンスにする！

「大きくなったら○○になる」という子どもの夢は、どんな内容でも否定はしないでおきましょう。もし走るのが遅い子どもがサッカー選手になりたいと言っても、「なれるわけないじゃない」と親が言ってしまうと、あきらめてなんの努力もしなくなります。それよりも「一流のサッカー選手って頭もいいんだよ。運動も大切だけど外国に行くなら外国語の勉強も必要だね」と、勉強に対して前向きになれるように教えてあげましょう。夢がケーキ屋さんなら、「人気のケーキ屋さんは売り上げを計算するから算数が必要だよ。ケーキの作り方を習いにフランスに行くならフランス語もいるね。じゃあまず語学がわかるよう国語から勉強しておかないとね」といった具合です。こう言われると、勉強しようかなと思いますよね。

うちの次男が低学年のころ、夢は漫才師で、テレビに出る人になりたかったようです。テレビに出て稼ぐなんて無理、と私は内心思っていましたが、夢を否定するのはよくないと思い、「かしこい漫才師」をめざしてもらうことにしました。
「テレビに出ている人はいろんなことを知っておかないと人気が出ないんだよ。芸人さんとか話題が豊富で絶対に頭いいよね？　次から次へと話ができるってことは、いっぱい勉強できたほうがいいに決まってるよ」などと、すべてはこじつけですが、夢の否定はしていません。否定から入ると、「どうせ認めてくれない」「何もできないと思ってるんでしょ」って、こちらの意見にも耳をかたむけなくなります。**まずは「共感」**です。

長男の夢は幼稚園のころからお医者さんでした。これは私の父が、「がいとはお医者さんになれるよ」と本人に言っていたからかもしれません。その大好きなおじいちゃんは長男小学3年生、次男1年生のときにガンで亡くなりました。お見舞いに行くたびに、「お医者さんになっておじいちゃんのガンを治してな」と直々にお願いされたことで、さらに夢への決意が強まったようでした。次男は小さかったのでよくわかっていないようでしたが、小学3年生の長男にとっては、大好きなおじいちゃんの死とその願いはかなり影響が大きかったようです。

21 専業主婦から一変！シングル&ワーママになって乗り越えたコツとは

息子が小学4年生と2年生のときに離婚しました。元夫の会社が倒産後だったため、仕送りは一切なく、貧乏生活の始まりでもありました。でも息子たちに卑屈になってほしくなかったし、私のもとに生まれてきて幸せだと思ってほしかったので、離婚時に一度だけ見せた涙は、二度と見せないぞと決意。なんでも前向きにとらえるようにしました。

突然の母子家庭で、しかもフルタイムのワーママ（ワーキングマザー）として働かなければならない。**とにかく可能な限り、家事は手を抜こうと思いました。がんばりすぎないほうがイライラを減らせますし**、何より息子たちにイライラをぶつけるようなことは避けたかった。手抜きのひとつは掃除。掃除は毎日しなくても死なないし、「その分、子どもとの時間にまわせるんだから、私はえらい！」と前向きに考え、手抜きをする自分をせめないようにもしました。日々の愚痴は家に持ちこまず、ランチで母や同僚、友達に話して発散。歌うことが好きなので、ときには友達とカラオケに行ったり、家事をしながら大声で歌ったり、とにかく自分のストレスをためないよう工夫しました。

引っ越しをしたら、ラッキーなことに前に住んでいた方が食洗機を置いていかれたので、食洗機もフル活用しました。たくさん入る食洗機ではなかったので、一度に入る量の食器しか使わないと決め、３つの仕切りがあるワンプレートの皿を活用。食器は食洗機&レンジ対応のみにして、極力ラクになるようにしました。

食事は、栄養バランスは大切だけどおおざっぱでOKと決め、作りおきや冷凍で工夫しました。一度に作って3つに分けて、別々に味付けすると3日分の食事が一度にできます。１日目肉じゃが、２日目ハヤシライス、３日目カレーなど。ハンバーグやスープは大量に作って冷凍する。我が家はありがたいことに母が料理が得意だったので、切り干し大根やひじき煮など、冷凍できる献立を作ってもらい、とても助かりました。**もし頼める親がいるならプライドを捨てて「お願いします。頼る人がお母さんしかいません」と甘えたらいい**と思います。感謝の気持ちを精いっぱい伝えましょう。**頼める親がいない場合、家事代行を依頼してみるのもありです。**以前、私がパーソナルサポートをするお母さんにその提案をしたら、「何日分もの冷凍できる食事を作ってもらえたので、かなり助かりました。その分、子どもとの時間にまわせました」と感謝されました。

忙しくなっても、子どもたちの話を聞く時間だけはなるべく多く確保するようにしていました。仕事は朝8時半から13時と、夕方16時半から20時の2部制だったので、子どもが学校から帰る時間はほぼ家にいることができました。それすら無理な日は必ずひとりずつに手紙を書いておきました。手紙には、今日したほうがいいと思う宿題やワークの提案と、おやつのことを書いておきます。そしてさびしい思いをさせないように、「大好きながいとくんへ♡」「大好きなけんごくんへ♡」と必ず♡マークをつけて。そのほうが絶対うれしいと思ったから。それをしたからか、息子たちも母の日や誕生日には私宛の手紙に必ず♡マークをつけてくれていました。

どうしても疲れている日は家事が残っていても寝るようにしました。無理をして体を壊すほうが大変ですから。私は生理痛がかなりきつくて、離婚以降は卵巣嚢腫《のうしゅ》にもなり、生理のたびに嘔《おう》吐《と》するほど大変でした。どれだけつらくても仕事は休めないので、重い体で力をふり絞って行かなければなりません。このままでは息子たちにあたってしまうと考えて、「ママ、生理の日はしんどいのよ」と小学4年生と2年生の息子たちに生理事情を告白しました。無理に我慢せず隠さないでおこうと決めたんです。そうしたら生理の日は特にきょうだい仲良く協力するようになってくれました。生理の日は一緒にお風呂に入れませんが、長男がもたもたしていると、「お母さんは生理だから早くお風呂に入ってあげて」と次男がアシストしてくれたことも。**弱いところを子どもに見せてラクになるのは、決して悪いことばかりじゃないと知りました。**

日曜はなるべく子どもと一緒の時間が作れるように、遊びの計画を立てました。忙しいワーママの場合、土曜は片づけの日、日曜は遊びの日としてはどうでしょうか。行き先は近場の植物園や動物園、科学館、釣り、公園など、たいそうなところでなくていいのです。室内ならボーリング場やカラオケボックスでもいいと思います。週末に楽しい計画を掲げると、「あと何日で一緒に遊びに行ける！」って親子でがんばれますよね。GW、年末年始などの長期休暇は、ちょっと無理してでも必ず旅行に行きました。旅行やお出かけをすると、子どもの話がたくさん聞けるし、現実から離れた体験もたくさんできて、親子の絆をぐんと深めてくれます。日頃がんばっている自分へのご褒美にもなりました。

シングル&ワーママになってからはとにかく時間がなく、ずっと睡眠不足でしたし、息子たちにもいっぱい我慢をさせたと思います。働いていると、してあげたくてもできないことが増え、そのもどかしさに体のしんどさも加わって、心が折れそうになる日もありますよね。私は極力、ストレスをためない工夫をしたのと、母や友人、ご近所の方など、多くの人に助けてもらい、ときには息子たちにも甘えてどうにか乗り越えました。

今が大変でつらいというお母さんもうまく手抜きをしつつ、なんとか笑っていきましょう。がんばってよかったなあと思える時期が、必ずやってきますよ。

長男が小学２年生、次男が年長のときに出場した「ちびっ子そろばんフェスティバル」で、ともに金賞を受賞。

大量のアルミホイルを使って作ったロボット。空箱やサランラップの芯などで大掛かりな工作もよくやりました。

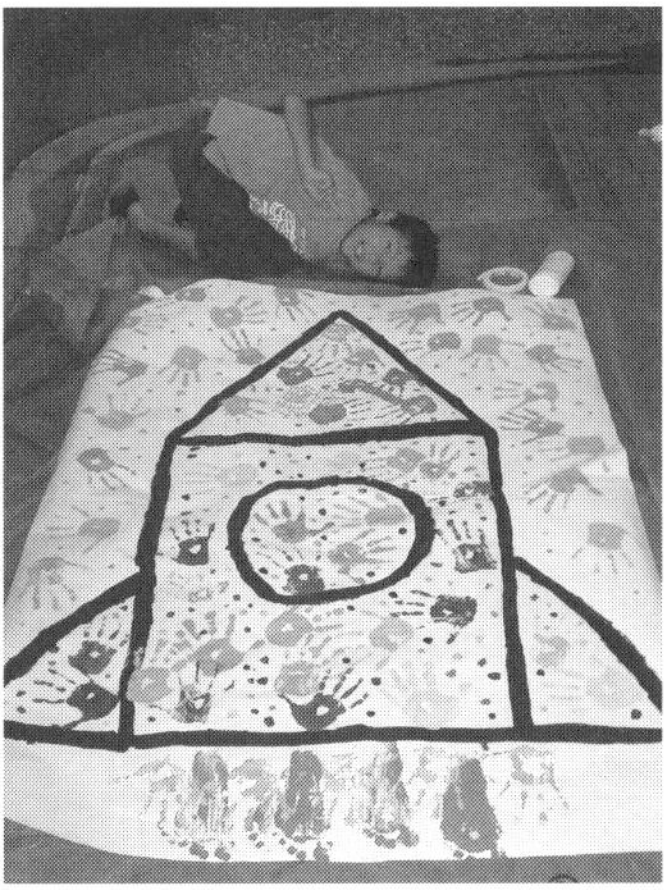

手形と足形の遊びは「アイデア脳」を育てると思い、よくやっていました。自由工作のひとつとして学校に持参したら、教室の後ろに貼ってもらえたことも。

コラム2

ずっと後悔している次男への言葉

長い子育ての間で、子どもに対してくやんでもくやみきれないことって、みなさん、あるでしょうか。私はあります。

長男小学4年生、次男2年生のとき離婚し、生活が一変しました。慣れない仕事に家事と育児で、連日、睡眠不足。母のサポートも受けてなんとかやっていましたが、どんどん仕事はハードになり、3年目には資格取得も必要になりました。40歳を超え、もはや人の名前すらまともに覚えられない私にとって勉強は大変でしたが、給料をもらうためにはやらざるを得ませんでした。

そのころ、次男は4年生になり、夏期講習から塾へ行くことになりました。すると私に言ったのです。

「けんご（次男）も、がいと（長男）みたいに、お母さんと一緒に勉強したい！」

長男が4年生のときは、まだ時間的に余裕があったので、一緒に塾の勉強をしているのを次男も見ていました。だから自分も塾に行きだしたら、お母さんと一緒に勉強できると思っていたのでしょうね。

でもちょうどそのとき、私は資格取得の試験直前でした。仕事から帰って、家事をして、夜中はほとんど寝ずに勉強の日々。心の余裕が全くなかったのです。

「ごめん、けんご。お母さんは忙しいから一緒にしてあげられない。けんごはかしこいからひとりでできるよ」と答えてしまいました。そのときのさびしそうな、あきらめたような次男の顔は忘れられません。そして次男はその日から、「一緒に勉強したい」と一切、言わなくなりました。

でもそのときは、まだ事の重大さに気がつかなかったんです。そのことを反省したのは何年もたってからでした。あるきっかけで、次男が、「お母さんはお兄ちゃんびいきなんだ」と友達みんなに言っているのが、私の耳に入ったのです。かなりショックでした。

私は離婚したことや、その後の金銭面と体力的につらかった暮らしについてはあまり後悔していませんし、性格がポジティブなため引きずることはほぼないのですが、あのセリフを言ってしまったことだけはいまだにずっと後悔しています。できるならあのときに戻って、一緒に勉強してあげたい、やり直したい、と今でも思います。

もう本人は忘れているかもしれないし、周りから「もう大学に受かったからいいじゃない」と言われることもあります。でも、次男を深く傷つけてしまったこと、あのセリフでさびしい思いをさせてしまったことは、忘れられないのです。

私のような後悔はなるべくないよう、みなさんには「一緒にいっぱいしてあげてね」とお伝えしています。でも実際は大変ですよね。それもよくわかります。しんどい日もあるし、できない日もある。でもそのがんばりを、子どもはちゃんと見てくれています。

「ぺたほめ」をし続けたら、「ぺたほめ」承認お返しの法則があると私は信じています。お母さんが子どもをほめて認め続けた結果、次は子どもがお母さんを認めてくれるというお返しです。子どもからの優しさの認め返し、これは親にとって最高に幸せなプレゼントです。今が大変というお母さんもあきらめなければ、必ず将来、そんな日が来ますからね！

3章
小学校
中～高学年編

22

第1志望校に合格させられるお母さんとは？

中学受験向けの塾は、小学3年生の2月から4年生の頭にかけて、中学受験用カリキュラムを始めるところが主流です。ここからは、いよいよ受験に突入です。合格させることができるお母さんとは、我が子の「応援団長」に徹するお母さんです。どんなときも、何が起こっても、子どもを心から100％信じる応援団長であることが大切。これが受験を楽しみながら成功させる方法なのです。

「どんなときも、何が起こっても」ということに、とても重要な意味があります。受験勉強には一喜一憂がつきもの。いや、むしろへこむことのほうが多いと思います。でも、どんな悪い点をとってきても、塾の評価が下がっても、お母さんはエールを送り、旗をふり続けるのです。それも子どもに伝わるように。

5・6年生になると、塾によっては志望校別の特訓クラスが始まったり、子どもはストレスの連続です。だからこそ、家はストレスがリセットされるような安全基地でなければなりません。お母さんは**怒ったりせずに、「絶対、合格できるよ」と言い続けることが大切**です。ストレスフルな通塾には、プラス思考の声掛けこそ心の栄養になるのです。アメリカの教育心理学者・ローゼンタールのピグマリオン効果（P94）をここぞとばかりに毎日活用！「天才やから～」「かしこいから～」「絶対に合格できるから～」と言い続けます。

子どもは「心から合格できると信じてくれてる」と伝わったら本気でがんばります。**「がんばることができる子」と「がんばることをあきらめる子」、これが合否を分けるのです。**

成績はよいときも悪いときもあるものですから、よいときは一緒に万歳三唱で喜び、悪いときは「本番じゃなくってよかったね」と励ます。「困ったことがあったら言ってね」とも言い続け、応援に徹する。もし困ったことがおきたときは、何をおいても全力で子どもの立場になって、子どもが納得できる解決になるようがんばる、これが理想の応援団長です。

子どもの受験はお母さんにとっても不安でいっぱいだとは思います。私もそうでしたから。不安なときは、こっそり塾の先生にお母さんひとりで相談してください。私は長男が塾に通い始めてから離婚しましたが、塾に頼ることができて、とてもありがたかったです。

お母さんもストレスをなくすように心がけましょう。お母さんがストレスを抱えていると、子どものストレスを受けとめてあげることができませんから。ストレスや不安をそのまま子どもにぶつけるお母さんは失敗します。

ストレス発散は、友達とランチ、ドラマ鑑賞、家で歌う、昼寝、ちょっと贅沢《ぜいたく》なおやつ、電話やLINEなどで愚痴る（子どもが聞いてないところでは、いくら言ってもOK）等々。

自分のストレスはうまく発散しておいてから、子どもの前では『女優力』で、「大丈夫。お母さんがついてるから」「絶対に合格できるよ」と応援し続けるのです。**応援団長ですから、どーんと構えた「フリ」をしてください。**『女優力』で「フリ」だとはバレないように。そうすれば、子どもは成功します。

塾は6年生になったら急に大変になります。ほぼ毎日の通塾（塾にもよりますが）、宿題、そして成績順でのクラス替えや模擬テスト……。いちいちお母さんが正面から受けとめて、「すべて私がやらせなければ、私にかかっている！」と力が入りすぎると、どうしてもガミガミや、子どもを脅すような態度が出てしまいがちになります。

我が家の場合、私が当時の会社命令で、長男6年生のときに簿記、次男6年生のときに医療事務の資格をとりました。働きながらだったので大変でしたが、夜中も日曜も資格の勉強している姿を見せられたのはよかったかもしれません。私だって、もしそれがなかったら、子どもたちにもっと細かく指摘したくなったかも。頭でダメとわかっていてもやってしまう。それほど受験って大変。おそろしい魔物がひそんでいます。

専業主婦のお母さんは、時間がある分、サポート役だけになるのは戸惑うとよく言われます。でも、自分の役目がなくなったわけでも格下げされたわけでもありません。働いてないほうが細かいところに目は届きますし、体調管理やお弁当作り、毎日の心のケアなど、やることはたくさんあると思っていただきたいのです。

最初の1年間は塾の先生と子どもの絆《きずな》を作るお手伝い、5・6年生になると応援団長に徹していくことが成功の秘訣《ひけつ》。子どもが家で勉強しているとき、お母さんも何か学びにトライしてみてはいかがでしょう。読書や英検、漢検、ほかの資格など、なんでもいいので、「○○が勉強がんばっているから見習って、お母さんは読書がんばるね」「でも困ったことがあったらお母さんに言ってね」と、一緒にがんばる姿勢を見せたら、ますます子どもの励みになると思います。

私がパーソナルサポート（お母さん対象の個別アドバイス）をした中に、マイナスの声掛けしかしていなかった6年生のお母さんがいらっしゃいました。バトルの日々だったものの、子どもに寄りそう態度に変わられたら、子どももだんだん変わって、みごと、志望校に合格されました。では、子どもの成績が悪いとき、お母さんはどんな応援をすればいいのか、次でお話ししましょう。

23 悪い成績を挽回《ばんかい》させるには?

塾や模擬テストなどで悪い結果が続くと、多くのお母さんはあせってしまい、さまざまな形で勉強をするように言いがちです。

「こんな点数でどうするの?」「もう受験やめたら?」「宿題終わったから遊んでいるのよね?」「高い塾代を捨てるようなものよ」

これらのセリフはすべて子どもをコントロール下におこうとしています。ありったけのイヤミで、「これだけ言ったらさすがに勉強するでしょ!?」と思って高圧的に脅す。でもこんなことを言われた子どもが、こころよく勉強できるでしょうか。

マイナスの言葉は決して子どもの心を動かしません。むしろ、モチベーションを下げまくり、

結果的に子どもの足を引っ張ります。「怒ったら勉強するって思われたら嫌だから勉強しない」、と意地になることもあります。特に5・6年生にもなると、本人もやらなければならないことはわかっているので、子どもをコントロールするような上から目線の発言はやめてほしいのです。心が動かないと本気で勉強はできないと思います。そして**心を動かせるのは、何よりも「ほめる」と「認める」**なのです。

思いどおりの点数がとれなかったときは、まず共感です。「くやしいよねー、わかる」と共感したら、次からがポイント。くやしがっていることをほめましょう。「くやしいと思えてることがすごい」「くやしいと思える子しか伸びないからね」「くやしいと思うから次はがんばろうって思えるんだよ。だからくやしいと思える子はすごいんだよ」等々。**できないことをせめるんじゃなくて、できないことに、くやしがっている事実をほめるんです。**これってすごいでしょ！

もちろん、よい点がとれたらほめます。でも悪い点をとったり、できない問題にくやしがっている姿も、ほめるのです。「そうなるとほめることしかないのでは？」と思いました？　そのとおりです。だってがんばっているのだから、全部ほめたらいいじゃないですか。お母さんからほめられたら、もっと前向きにがんばれるんですよ。

夜遅くまで勉強するようになると、朝が起きられないことも多くなります。「遅刻するでしょ！」とどなったりしないで、「眠いよね、わかるよ。夜遅くまでがんばってたものね。本当にえらいと思う。大好きだよ。どうする？　休む？」と、まずは共感。次にハグしてよしよしつつ、優しく言う。我が家はそれで起きてくれました。結果、1日も学校を休んでないですよ。

息子が悪い点数で落ちこんでいるときには、笑いに変えたりもしました。塾の成績表で国語がとても悪かったときは、成績表を折りたたみ、国語だけが隠れるようにして、「見て〜、むっちゃ成績よくなったで」と、私がやってみせました。だって結果に文句言っても成績は上がらないですからね。それより次をめざしてがんばれるようにしてあげるほうが大切。

ときには**塾の先生に頼るのも手**です。「テストの直しをしなさい」というセリフひとつにしても、お母さんが言うのと塾の先生が言うのとでは効果が全く違うもの。お母さんから言われると、「わかってたのに言われてやる気がなくなった」となりますが、塾の先生が言うと、「テストの直しは大切だからがんばろう」と思えるほど極端に違うんです。子どもにとって塾の先生はかしこくてすごい存在だから、素直に聞けるのです。

5・6年生になっても甘えたい様子のときはいっぱい甘えさせてあげましょう。ひざに乗ってきたってOK。甘えたいときは何かを抱えているときです。ハグして、「がんばっててえらいね。大好きだよ」と、いっぱいギュッとします。「6年生でハグ？」と驚かれたりもしますが、6年生だからこそ、だんだん迫ってくる受験本番が怖くなったりするのです。「**お母さんがついてるから大丈夫**」**と言い続け、いっぱいいっぱいハグ**してあげてください。

高学年になっても「ぺたほめ」はやり続けます。子どもはもう「これ貼って」と自ら言わないかもしれませんが、ほめられてうれしくない子はいません。私は水泳の進級テストや合格証を「ぺたほめ」し、模擬テストなどは気をつけつつ、よい点数の科目など、ほめどころを探して、蛍光ペンで色づけしてから「ぺたほめ」していました。

学校行事の運動会、学芸会、自由研究している姿なども写真に撮り、台紙や画用紙などに何枚か貼って「ぺたほめ」します。「かっこよかったよ」「大好きよ〜」などとコメントをそえるのもおすすめです。

5・6年生になると、勉強以外はさせないというお母さんが増えます。でもそれだとほめることは勉強していることと、成績のことばかりになり、今までより断然ほめる回数が減ってしまいます。「ぺたほめ」は「ほめる数＝やる気」なので、たくさんほめないといけません。

なので私は**勉強以外のことも極力やらせたほうがいい**と思うのです。特に学校はほめポイントの宝庫です。学校行事は「アイデア脳」（P80）をいっぱい使いますし、やりたいことのために時間を工夫するのも大切なことです。友達との絆が深まり、学校での居場所も安定します。結果、モチベーションも上がって「自分はがんばればできる子だ!!」と思える。「ほめ」＋「ぺたほめ」**のダブル技は必ず成績アップにもつながっていきます。**

24 中学受験に成功する塾選び

中学受験を決めた場合、塾をどうするか、迷われることと思います。そもそも塾に行かせたほうがいいのか、志望校の合格率が高い塾を選べばよいのか、いろいろな疑問が出てくるでしょう。

まずは塾が宣伝している中学合格者数は鵜《う》のみにしないでください。うちの息子たちは洛星中学に行きましたが、ほかの2校にも合格したため、通っていない学校の合格者数のひとりに入っています。多くの方は複数校を受験するので同様です。

塾によっては、どこにでも受かりそうな子どもの親に、たくさんの学校を受験してほしいと頼んでいることもあります。塾が旅費や受験料を出して、遠方の難関校を受験させるケースもあるそうです。我が家もほかの塾のレベルが知りたくて、通っていない塾の模擬テストをいくつか受けたので、その塾の合格者数にカウントされている可能性もあります。どの塾もひとりでも多く難関校の合格者数を増やしたくて必死です。

塾の規模が大きくて子どもの人数が多いと、当然、合格者数は多いかもしれませんが、不合格者も実は多いという事実も忘れてはいけません。狙いが中堅校なのに、とりあえずと難関塾に行かせてしまい、子どもが「自分はできない」という挫折に苦しみ、親子バトルが多発。結果、塾をかわるという残念な思いを受験直前に味わわせてしまったという話はよく聞きます。

私は、塾は絶対に自分で選ぶと決めていました。誰かのクチコミや紹介の場合、その人に強くすすめられたからその塾にせざるを得なかったなんてことにもなりかねません。「うちの子が通っている塾がすごくいいわよ」と公言される方だって、たくさんの塾を知っているわけではない可能性も高い。大切な中学受験がかかっている塾選びですから、慎重に吟味して自分が納得したうえで選びたかったのです。

とはいえ、当時の私は受験の詳しい情報を得る手段がなかったので、まずは情報量が多いであろう大手塾にしようと考えました。大手は経験豊富なエキスパートである先生が多いこと、しっかりマニュアル化されたよい教材があること、模擬テストが充実していることなどがいいと思ったのです。もちろん小さな塾でもこれらが備わっている塾もありますので、じっくり選んでいただきたいです。

塾に行くまでに、志望校をある程度決めておくことも大切です。志望校の偏差値がわからないと塾も選びにくいですから。中学受験でよくあるバトル例として、子どもの意思を尊重しすぎることをお伝えしていますが（P114）、「志望校は6年生のときの偏差値で決める」と言われる方も、不本意な結果になるケースが多いです。まずは志望校を決めてその学校がどうしてよいのか、そのよさをしっかり親子で共有したうえで、そこに合格できるようにもっていってあげるのが親の役目だと思います。

そのうえで何を基準に選べばいいのかというと、①塾の個性が子どもに合っていること、②お母さんと相性がよいこと、このふたつが受験成功の大きな要因となります。

私はいくつもの候補の塾に電話してから直接、話を聞きに行きました。そこでチェックしたのは、自分の子を3年間通わせてもいいと思えるか、インスピレーションです。インスピレーションというと「?」となるかもしれませんが、教室や先生の雰囲気もそうですし、親と塾の相性をみるために塾の室長など責任者と話すのが大事だと思います。その方を「この人、苦手だわ」と感じたら、どれだけ評判のよい塾でも無理ですよね。私は疑問をそのままにするのが嫌いなので、いっぱい質問してもそれに答えてくれる塾がいいと思っていました。6年生までのおおまかなカリキュラムを伺い、お弁当がいつから始まるかなど、細かいことも聞きました。5・6年生になると、晩ごはんはお弁当の塾が多いので、これもかなり重要です。それらの対応も塾との相性をみる目安となります。

あと、我が子がめざす志望校の特訓クラスがあるかどうかと、志望校合格率の確認は必要です。受験したい中学校の合格者が極端に少ないと、その塾は向かないですよね。私の場合、長男、次男を合わせると、5年もお世話になるかもしれない塾ですから、リサーチは念入りでした。そして私は、多くの塾の中から、ここなら通わせてもいいと思える塾をふたつ選びました。

そのふたつの塾を長男に体験させ、どちらも入塾テストを受けさせました。ここからは私は何も意見を言わず、長男に好きなほうを選ばせました。ここは自分で選ばせることにメリットがあるんです。目標に向かう第一歩を自分で決めたという自信につながりますし、お母さんが自分を信じてくれたんだからその期待に応えようとも思えるでしょう。次男にも自分で決めさせました。ふたりとも塾を自分で選んだことで、最後まで本当に楽しくがんばれました。

お母さんがいいと思った塾がひとつしかない場合は、この方法は適《てき》しませんよ。絶対にここと思う塾があるにもかかわらず、仕方なく余分な候補をあげても、あとで後悔するだけです。その場合はどうしてお母さんがこの塾を選んだか、その理由を子どもにわかるように説明して納得させてくださいね。

ワーママ（ワーキングマザー）は宿題へのケアが手厚い塾を選ぶほうが、負担が少なくすむのでおすすめです。それは大手でも小さい塾でも一緒です。通いだすと塾の宿題ができなくて、家庭教師やほかの塾とかけもちする人もいます。宿題がわからないときに残って教えてくれる塾と、残れない塾があります。最初のリサーチ時に宿題がわからなかったらどのような対処をしてくださるのか、聞いておくのも大切かもしれません。

25

塾を楽しく続けさせる方法は？

塾へ通う大前提として、お母さんとお子さんで共通した目標が定まっていて、二人三脚で一緒にがんばろうと思えることが大切です。そのためにも、まずはお母さんの意思を明確に伝えておきましょう。どうしてお母さんは志望した中学に通ってほしいのか、お子さんがしっかり理解して納得できるよう説明しておくと、スムーズにめざすことができます。

そして親子の絆が深く、子どもはお母さんが大好きなこと。親子一緒にがんばるために、お母さんは、お子さんのサポート役、縁の下の力持ちである応援団長に徹する決意を忘れないようにしましょう。

塾の最初の1年間はお母さんの勝負時でもあります。お母さんはこの1年で、塾の先生と子どもとの懸《か》け橋となることが最大の使命なのです。小学3年生まではママ塾をしていたとしても、この先はNG。お母さんはサポート役に徹しましょう。塾の先生とお母さんの教え方が違うと子どもは混乱しますし、昔と今では考え方が違うこともあります。お母さんがいくら勉強のできる方だとしても、先生より私のほうがかしこい、もしくは同等と親が思っていると、子どもは迷います。「あの先生は何人も○○中学に合格させていて、すごいんだよ」と親子で崇拝したほうが、子どもは素直に伸びやすいのです。ほとんどの子どもが入った塾にそのまま6年生まで通います。先生を信じることは、最後まで楽しく通うためでもあるのです。

前述していますが、学校の勉強と塾の勉強は別物です。**学校はコミュニケーション能力育成の場で、塾は受験勉強をするところ**です。極力、学校では自由にさせてあげ、「勉強は塾でする」と目的をわけたほうが全力を注げます。学校もですが、塾へ行くときも「がんばって楽しんできてね」と笑顔で見送ってあげてください。塾から帰ったら毎回、「楽しかった？」「どんなことを習ったの？」「わからないところはない？」と優しく聞いてあげます。もし子どもに「わからない」が出てきたら、真っ先にお母さんに伝えられるようになってほしいのです。それがつまずかない秘訣です。

「わからないなら先生に聞きなさい」、このセリフは塾嫌いになってしまう第一歩です。親にしたら、高いお金を払っているのだからちゃんと教えてもらって、と思うかもしれませんが、子どもの立場になって考えてほしいのです。学校の先生は給食や体育など仲良くなれる接点が多いのに対し、塾の先生は勉強でしか接しない。それもかなり難しい勉強を教えてくれる、子どもにはとてもハードルが高い存在です。

そんな塾の先生に聞かなければならないなんて大変なプレッシャー。だからお母さんがプレッシャーをなくしてあげるのです。子どもには「わからないところがあったら、お母さんが先生に言ってあげるから教えてね」と伝えておき、子どもが「わからない」と言ってきたら、お母さんが塾へ電話をして教えてもらえるようにお願いしておきます。そうすれば先生から話しかけてくれ、子どもは勉強だけに専念できます。これを頻繁に繰り返していると、子どもは先生から話しかけてもらえる分、早く塾になじみやすい。先生から話しかけてもらうのも、なんだかひいきされているみたいで、うれしいでしょ。**お母さんが味方として動いてくれるとわかると、子どもは「わからない」をちゃんと伝える**ようになります。それも子どもが先生と慣れるまでのこと、6年生までずっとではありません。

こうして「わからないことがない」状態を続けていくと、塾がますます楽しくなります。うちの息子たちは、「塾って本当に楽しい。先生の説明がすごくわかりやすい」と嬉々《きき》として通っていました。子どもってわからないところがなかったら、勉強も楽しいのです。

塾によって質問は後日のみと決まっていたり、保護者からの質問は受けつけないルールなどもあるようです。私の場合は母子家庭。働きながら塾に行かせなければならなかったため、至れり尽くせりしてくださる塾がよかったです。電話だけでなく、頻繁に先生と会うようにもしました。平日は仕事で無理ですが、土曜の塾の日はできるだけ先生とお話ししに行く。こういった細かいコミュニケーションをはかると塾と円満になれ、子どもにもプラスになります。

最初の1年間で塾の楽しさをインプットさせると同時に、「ほめる」も常に忘れてはいけません。「学校へ通うだけでも疲れるのに、塾まで行ってえらいわ」「かしこいからがんばればできるよね」と繰り返し伝えます。ときには「塾の先生もすごくかしこいってほめてたよ」、と先生をも上手に使いながらモチベーションをアップさせてほしいと思います。

私がお母さんたちに行うパーソナルサポートでとても多い相談に、「そんなに塾が嫌ならやめたら？」とお母さんから子どもへ持ちかけたというケース。それに対して子どもは「やめたくない！」と泣いて言い張る。ここで問題なのはお母さんの本心です。①心からやめてほしいと思っているのか、②単なる脅しで言ってるのか、③子どもが大変なら本当にやめてもいいと思っているのか、ちゃんと考える必要があります。子どもが「やめたくない」と言っているのも、❶本心からやめたくないのか、❷お母さんが本当は続けてほしいと思っているのを察してやめたくないと言っているのか、❸やめると言ったら、さらにそれ以上の怒りが待っているという恐怖から言っているのか、見極めていただきたいです。

一番多いのは、お母さんが脅しで言って、それを察してやめたくないと言っているパターンです。この場合はお母さんが子どもに寄りそって、どうして塾が嫌なのかを聞き、合わない場合は冷静に判断して転塾したほうが成功する可能性が高まるかもしれません。ただ、転塾はかなりのリスクがあることをわかって慎重に考えてほしいとも思います。合わない塾に行ってしまって、受験をやめてしまった子どもも何人も知っています。言葉は慎重に、でも苦しそうなら察してあげ、冷静にしっかりと話しあうことが大切だと思います。

26

長男が塾拒否した路上放置事件

タイトルは少しおおげさですが、我が家でも息子が塾を拒否した大きな出来ごとがありました。長男が6年生になった4月のある土曜日。勤務中に、子どもを見てくれていた母から職場に電話がかかってきました。職場にかけてくるなんて滅多にないこと、何ごとかとあせりました。するとと、「がいと（長男）が、塾行くのが嫌って泣いてる。どうしよう」と、オロオロする母。私はまだ帰れそうにもありません。長男は理由も言わずに泣いていたようですが、病気ではないし、6年生の大切な時期ですから簡単に塾を休ませるわけにもいきません。悩んだ末、母にお願いして、タクシーでむりやり連れていってもらいました。「なんで嫌なんやろ……」と気になったものの、私は忙しさのあまり、その理由を聞き忘れていました。

その翌週、いつものように塾に行く時間になり、ふと長男を見ると、また泣いているんです。そして塾に行きたくないと言う。理由を聞くと、「宿題ができてないから」「今から宿題をして、そのあと塾に行くから」と言います。今から宿題をしていたら塾の時間に間に合うわけがない。「塾にはお母さんが言ってあげるから」と言って、目の前で電話し、「先生が宿題できてなくても大丈夫って言ってくれたから行こう」と誘ったのですが、動こうともしません。

バスは間に合わない時間になってしまい、私は仕事に行かなければならないし、あせって瞬時に考えました。

「車で送ってあげるから、行こう」。本当はかなりギリギリの時間でしたが、これをほうっておいたら、１００％塾には行かないだろうと感じたんです。サボり癖がついてしまったら、これからが大変だと思って私も必死でした。

泣いて嫌がる6年生男子を強引に車に乗せたものの、助手席でずっと無言。塾の前に車をとめた途端、さらに泣きわめきだしましたが、車からむりやり引きずり降ろしました。長男の気持ちを考えたり、優しい言葉をかけたりする時間も余裕もない。仕事に間に合わないかもしれないというあせりでいっぱいでした。

引きずり降ろした長男と、塾のかばんを道に置いたまま、車を発進させました。バックミラーで道に座りこんで泣いている長男の姿を見ると、苦しい思いで胸がつかえました。しばらく進んだ後、塾の先生に電話し、「塾のビルの前に息子がいるからお願いします」と告げて、そのまま仕事に向かいました。

仕事中も心が痛みました。どうしてそこまで嫌なのか、思い返せば何が原因だったのか、理由すら聞けていなかった。なぜもっと早くに聞いてあげなかったのか、もっと時間をかけてあげればよかった……、悶々《もんもん》としながら、ずっと考えていました。

毎晩、塾終わりは車で迎えに行っていたので、その日、長男を迎えると、車中で私から切りだしました。

「今日はごめんな。塾が嫌って、難しくて宿題ができないの？　授業がわからないの？」と聞くと、私が先にあやまったのがよかったのか、長男は話しだしました。

「だって、灘中学は受けないのに、灘の国語を勉強する意味がわからない」

最初、私はどういう意味なのか、よくわかりませんでした。「洛星と灘の国語って、問題が全然違うんやで。受験しない学校の国語なんて、勉強する意味がないやん」

知りませんでした。実は4月から塾に最難関中学である灘中学の受験対策クラスが新設され、長男はそのクラスに合格したのです。塾からの合格証をもらって私が有頂天になり、うれしさのあまり、私は長男の意向も聞かず、受けもしない灘クラスに変更したのでした。第1志望校の洛星と灘は試験日が同じですし、家から片道2時間もかかるため、絶対、灘は受験しないのに、です。

帰ってから、洛星と、灘の国語の問題を見比べて、あまりに違うことを初めて知り愕然《がくぜん》としました。私のエゴだけで灘クラスに行かせたこと、そして泣いて訴えていたのに、理由をちゃんと聞いてあげなかったこと、本当に反省しました。結局、塾の先生にそのことを伝え、元のクラスに戻り、その後、長男は楽しく通塾できました。私は「ごめんね」という気持ちでいっぱいでしたが。もちろん口に出してあやまりました。

これは誰もが陥ってしまうかもしれないことだと思います。進学塾は6年生になると、志望校別クラスに分かれるところが大半です。親は塾から上のクラスに行けると言われたらうれしいし、上のクラスで学ぶほうがいいと思ってしまいがち。でも、子どもはどの学校を受験するのか、そのためにはどのクラスにいると合格しやすいのか、しっかりと考えるべきなのです。私は無知すぎて知らなかった。学校ごとに受験対策も問題傾向も全然違うので、志望校じゃないクラスにいてもダメな場合もあるのです。大切なことは、**しっかりぶれずに志望校をめざす最善の道へ導いてあげることです。**

そして、「子どもがいつもと違う」と感じることがあれば、すぐに話を聞いてあげてほしい。普段からできるだけ話を聞いてあげてほしい。私の反省から強くそう願っています。

27
受験前の習いごと、学校行事は子どもの気持ちを尊重

塾通いが始まると、塾から「ほかの習いごとはやめてください」と言われることが多いようです。そう言われると多くのお母さんはあせってしまい、子どもがまだ習いごとを続けたいと言ってもやめさせがちです。でも子どもの気持ちを無視してやめさせる前に、まずは子どもがどうしてやめたくないか、そしてやめないことは不可能なのかを考えてほしいのです。

息子たちは4年生の間は塾に行きながら英会話と水泳、さらに長男はバレーボール、次男はサッカーを続けていました。5年生になると塾の日が増えてしまい、習いごとを減らさなければならなくなりましたが、私としては受験には体力も必要だから、スポーツをひとつだけ残したいと考えました。そこで息子に「5年生からはスポーツひとつならできると思うけど、どう思う？」と聞きました。決して命令ではなく、私の考えを伝えて一緒に考えるスタンスです。たまたま息子ふたりともが水泳を選び、5年生いっぱいまで塾と水泳をかけ持ちしました。6年生に

なると塾が週6日になり、息子自ら、「もう塾だけにしないと無理」と言ってきました。水泳で体力がついたのか、受験シーズンも風邪にもかからずに挑めました。

とはいえ、学校での取り組みは最優先にしました。6年生になると塾はかなりピリピリした空気になります。夏期講習以降は特にです。そんな時期、長男が京都市の水泳大会で学校代表選手に選ばれました。長男から、「どうしよう？　これに出るなら夏期講習を休まないといけない」と言ってきたので、本当はどうしたいのかを聞くと、「出たい」って。これは尊重しなければ！私は、「そりゃ1日の勉強より水泳大会のほうが絶対に大切やろ。お母さんが塾の先生に言ってあげるからね」と約束しました。

夏期講習は昼前からだったので、朝に学校のプールで練習してから塾へ。塾の先生に水泳大会の日は休ませると告げると、「大切な夏期講習を1日休むなんて取り返せないですよ。水泳大会を断られたほうがいいです」と言われてしまいましたが、それでも私は強く言いきりました。「学校代表に選ばれたのですよ。この1日は勉強より大切だと思うので、休ませます」。結果はなんと4位入賞。後日、塾の先生に「京都市で4位とれました！」と報告したら、さすがに苦笑いされました。

先生に私から伝えたことも重要なポイントでした。子どもに言わせていたら１００％塾の先生に言い負かされてしまいます。それがわかっていたので、「家庭の方針です」と親から言ったのです。もし私が、塾のほうが大切と言ったら長男は出場をやめていたでしょう。でも大会に出場し、結果も出せたことで、その後の勉強のモチベーションアップに確実につながりました。**子どものモチベーションは、１日の勉強時間のロスより大切**です。「出たかったなあ」という思いをずっと引きずるほうがダメ。次男も６年生で水泳大会に学校代表で出場し、６位でした。

６年生の秋の運動会では、息子ふたりともが応援団をやりました。この練習で塾に遅れるのも私はＯＫとしました。小学校の思い出ですから。さらに次男は「応援団長がしたい！　でも塾に遅れて行く日がある」と言いだしたので、それも、塾にはお母さんから言ってあげるから、と応援しました。また次男はマラソン大会のチームにも入っていて、５年生から毎朝ずっと走り続けていました。でもある日、「受験のために駅伝はあきらめる」と本人から言ってきました。最後までやりたいと言えば、もちろん応援するつもりでしたよ。

受験があれど、どうしてもやりたいことは全力で応援する方法をとったことが、「お母さんはわかってくれる。やりたいことをさせてくれる１００％味方だ」と親子の絆が深まることになり、モチベーションアップにもつながったのです。**受験は気持ちでかなり左右されます。「認めてもらったから応えたい！」と思えるほうが、結果的に前向きにがんばることができます。**それに、水泳大会で賞をとれたことや、運動会の応援団長になった経験は、人生において受験よりも価値があると私は思っています。

お母さんのせいで、塾のせいで、受験のせいで……となって、しぶしぶあきらめさせるより、本当に子どものやりたいことであれば、極力させてあげるようにしましょう。それが結果的には「認めてもらったからがんばろう」につながる。そこが大切だと思っています。

長男が小学５年生、次男３年生のとき、プランターでスイカ作りが大成功！　受粉などを図鑑で調べ、スイカ作りを書いた作文が京都新聞に載りました。

火おこしや飯ごう炊飯に親子で挑戦するバーベキューは、「アイデア脳」と親子の絆作りの一挙両得。釣った魚は炭で焼き、絶品でした。

28 テレビやゲームを受験の味方にする

「うちにはテレビはありません。ましてやゲームなんて与えていません」、そう言うお母さんがときどきいらっしゃいました。テレビが大好きな私には衝撃でした。私にとってテレビは、コミュ力やリーダーシップ力をみがくための情報を得るのに必要なもの。本人が判断して見ないならいいけれど、家にないとなると、友達との話題についていけなかったり、悲しい思いをしたりしないのでしょうか。

「子どもも納得してテレビを見ていません」と言うお母さんもいますが、それは子どものあきらめではないのかをしっかり見極めていただきたいです。「どうせお母さんに言ってももらえないから」「大好きなお母さんが望むなら我慢しなくっちゃ」と、あきらめて納得していたなら、先々、向上心が育たなくなる可能性もあります。「どうせ……だから」と子どもがなんでも判断するようになり、無駄な努力はしない子になったら、あまりに残念じゃないですか。お母さ

んの考えだけで、子どもが我慢をしていると、受験勉強が嫌になる要因にもなりかねませんか
ら、くれぐれも気をつけたいものです。

我が家のテレビは『おかあさんといっしょ』（NHK Eテレ）から始まりました。小学生になると、いじめられない人気者にするためにテレビは欠かせないと考えました。当時、人気のお笑い番組や、歌番組、アニメもたまには見ました。とはいえ、毎週、必ず見せるわけではなく、学校でテレビの話題についていけるくらいでいいかなと。特に低学年の友達関係を作る間は、テレビも大事と思っていました。

高学年になると、塾の先生にすすめられた『ザ！鉄腕！DASH‼』（日本テレビ系列）を見ては図鑑で魚を調べました。今でも魚の名前は息子ふたりともよく知っています。『日立　世界ふしぎ発見！』（TBS系列）も大好きで地球儀で国を確認したり、クイズ番組では楽しく競いあったり。我が家にとってテレビは楽しく学ぶためにも欠かせないものでした。

ゲームは長男5年生、次男3年生からやりだしたと思います。私が働いていて管理ができないので、ゲームを与えてよいものかは、ずいぶん迷っていました。当時は私も「ゲームは受験の敵」と思っていましたから。でも、ある日、私が仕事から帰ると、うれしそうにゲームをやっていたのです。聞くと、次男が私の母に「クラスのみんなが持っているのに僕だけないんだ」とおねだりしたのでした。クラスのみんなが持っているわけないのに、母は孫がかわいそうと思い、買ってくれたのです。母をせめる気はありませんでしたが、突然、我が家にやってきたゲームに、私が戸惑いました。どのように付き合わせたらいいのか。わからないまま、私もみなさんが一度は経験したことであろう「一日1時間以内ね！」を掲げました。守らないとゲーム本体を隠したりもしました。

でもすぐに気がついたんです。このやり方はダメ、これだと子どもを信用してないことになるって。強制的にやめさせたところで、きっと次男は隠れてやるだろう。私自身が子どものころ、家が厳しくてウソをついた経験があるので、ウソはつかなくていい状況にしてあげたかったんです。ウソは、つく側の子どももつらいから。

どうしたものか、私は知恵をしぼりました。そしてまず、私が一番嫌なことは何かを考えたんです。それは、『私がイライラして、私と子どもの絆が壊れること』『隠れてゲームをして、子どもにウソをつかれること』『子どもがゲームをしなくなって友達が減ること』でした。子どもの世界は残酷な一面もあるから、「ゲームしないなら一緒に遊ばない」「かしこい人は違うねえ」などと、いじめられることもありえますからね。

そもそも**ゲームをすればバカになるというわけではないのです**。ノーベル賞をとられた益川敏《ますかわとし》英《ひで》さんや小柴昌俊《こしばまさとし》さんもゲーム好きだったそうですし。「そうだ、どうせゲームをするなら、ストレス発散のために使わせたい。**ゲームに支配されるのではなく、自分で上手にゲームをコントロールできる人になってもらえばいいんだ**」、と思い直し、その方法を模索しました。ゲームをマイナス面としてとらえるのではなく、子どものやる気を出させる手段にするにはどうしたらいいのか。

そして、次男にこんな提案をしてみました。

「お母さんはゲームをしたらダメとは言わないことにする。でもけんご（次男）は、受かりたい学校があるよね？　そこで提案だけど、まず学校から帰ったら学校の宿題をする。次に塾の宿題をすること。このふたつを終えたら、その後はずーっとゲームをしてもいいというのはどう？」

次男が帰宅してから寝るまでの時間は4時間ほどで、学校と塾の宿題はいつものペースだと3時間かかります。そうするとゲームができる時間は1時間。宿題にだらだら4時間かかってしまったら、その日はゲームなし。でもすごく集中して、2時間で宿題が終わったら、ゲームは2時間できる。次男の努力次第で、ゲームできる時間が変わるルールです。

次男は「わかった。がんばって勉強する！」と、この交換条件をのみました。これだとWin-Winでしょ。親がいろいろ制限をかけて、ストレス発散できないことを私はよいとは思えない。旅行だって行きたいし、一緒に遊びたい。子どもがテレビ見たい、ゲームしたい、と言えばさせてあげたい。

条件を提案する際は、親子で目標確認することと、交換条件の内容が大切です。目標確認とは、志望校などを再確認しあうこと。交換条件の内容は、子どもも親も心から納得できる条件でないといけません。私が出した交換条件は、次男の集中力を高めるにもいいと私は納得できたし、彼のやりたいことも制限していません。親に怒られないか、びくびくしながらゲームをする子どもも多いのに、うちの子は「いっぱい勉強してえらいね」とほめられながら、**堂々とゲームができるのです。だから宿題も前向きに挑む、**これこそ私の狙いでした。

子どもを信じ、ゲームへの執着をプラスに転換

おもしろいエピソードもありました。ある日、塾から帰ってきた次男が笑いながら、「今日知らないおじさんから、『勉強がよっぽど好きなんだね』ってほめられたよ」と報告してきました。聞くと、家でたくさんゲームをするために、塾帰りのバス待ち時間にバス停の地べたに座って、バス停の椅子を机にして宿題をしていたんだそうです。塾の前で塾の名入りバッグを背負って勉強している姿を見て、その方は驚かれたんでしょうね。まさか家でゲームをする時間を獲得するためだとは思わないでしょう。子どものやりたいことのために工夫する力とはすごいものです。これぞ、「アイデア脳」です。私はこの話を聞いてもちろんむっちゃほめましたよ。「すごいアイデアや。確かにそれならいっぱいゲームできるよね」って。

そんな次男も、6年生になったら自ら「ゲームしない」と言いだしました（受験後は毎日していましたが）。でもこの自分で決めたメリハリは大切だと思うのです。最初は頭を抱えたゲームでしたが、限りある時間の中でいかに要領よく集中して勉強するかを、ゲームのおかげで習得できたと思います。この時期に獲得した集中力は、高校3年生の最後の追いこみにもおおいに役立ちました。彼の一生の宝になったと思います。

このやり方を実行する場合、100％子どもを信じることが大切です。「本当に宿題、全部やったの？」などと決して疑わないように。あと絶対にNGなのが、子どもががんばってたくさんのゲーム時間を確保したのに、「目が悪くなるから1時間にしなよ」などと約束を破ること。すると子どもは、がんばっても無駄と感じて、がんばらなくなります。幼児相手でも「お母さんはウソをつかない」とお伝えしていますが（P72）、子どもがいくつになっても約束は絶対守らないとダメなのです。たったの一度でも裏切ったら、信頼はみごとに崩れます。**もし迷ったら、自分が子どもだったらどうしてほしいかを考えてください。**私はいつもそうしてきました。

中学に入ると、ほとんどの子がゲーム経験者でしたが、中には一度もしていない、買ってもらえないって子も。でも中高生になると悪知恵が働きます。学食代を浮かせて中古ゲームを買う子を多々見かけました。その子の親は「うちの子はゲームしません」と公言していましたが、周りはみんな知っていました。お母さんだけが知らないって不幸ですよね。その子は家ではゲームをやれない分、学校や塾の授業中にしていたようです。高い授業料を払っているのに、これを親が知ったら……。でもその子にとっては、親がいない場所こそがゲームやり放題スポット。ただ、いつもびくびくしている。そこまで追いつめる前に、どうしたらいいか考えてほしいのです。

今の時代だとスマホもゲームにあたるかもしれませんね。スマホについてはP239で詳しくお伝えします。

29 大の勉強嫌いだった私が、勉強のできる子を育てられた理由

私がしつこいまでに自己肯定感に重きを置くのには理由があります。私は、私立同志社中学校をめざし、4年生から塾に通っていました。塾には本科と補習科とがありましたが、私は本科に合格できず補習科でした。テスト結果でクラス分けをされるのですが、私は一番下のクラス。父はなんとしても本科へ合格させようと必死でした。

宿題が半端なく多い塾だったので自力ではできず、父が毎晩、教えてくれていました。父が大好きだったので苦ではなかったのですが、勉強は一向に好きになれませんでした。でも、塾に行くまでは違ったんですよ。小学校ではそれほど勉強に困ってなかった。でも塾でやる中学受験用の勉強は全く別物で、太刀打ちできなかったのです。

まず、本科に受からないことで、「私ってかしこくないんだ」と認識させられ、塾の勉強をす

ればするほど、「できない↓私はアホなんだ↓頭が悪いからそもそも無理」と自己肯定感がどんどん下がっていきました。

国語や社会の暗記がもっとも嫌いでした。すっかり「自分はアホや」と思いこみ、ハナから「無理。私は記憶力よくないねん」と決めつけていました。その悪循環で覚えられなかったのだと思います。

私が子どもにやりたいことを極力やらせるのも、自分の経験から学んだことです。悪循環に陥った私は塾でマンガを覚えました。私の家では勉強のジャマだからと、マンガを買ってもらえませんでした。でも塾にはマンガを買っている友達がいて、毎回、持ってきてくれます。制限されていた反動もあったのか、夢中になりました。とはいえ家には持って帰れないので、授業中に読む、これを毎日繰り返すようになりました。ますます勉強はわからなくなり、深みにハマっていったのです。

もちろん成績が上がることもなく、塾からは志望校をかえるよう厳しく言われました。それなら公立に行くからと、受験しました。

じゃあなぜ合格できたのかというと、ラッキーだったのです。当時の同志社中学は8教科受験で、副教科の家庭科のテストで、たまたま前日に覚えた待ち針の打ち方やミシンの糸のかけ方など、すべてがバッチリ出たのです。ヤマを張って勉強したところが的中するという素晴らしい奇跡でした。それで高得点がとれ、強運により合格しました。

ラッキーだけで合格したので、入学すると周りは天才児ばかりに見えました。またもや、落ちこぼれ路線まっしぐら。当時は中学に受かれば、大学までほぼストレートだとわかっていたので、先生に申し訳ないほど遊びまくるし、もう大変。赤点の連発です。成績表が張り出される学校だったので、出来が悪いのは一目瞭然でした。

それに対して私の弟は、中学・高校ともにクラスで1番。たまにいる、勉強しなくてもできるタイプでした。母親は私によく言いました。

「弟の個人面談は成績がいいからいつもほめられるけれど、あつこの個人面談は今度、何を注意されるんやろ。行くのが嫌になるわあ」

イヤミで言ったわけではなかったと思いますが、そう聞くたびに「お母さんごめんね」と申し訳なく、泣きたい気持ちになりました。本当はきょうだいで比較されるのが、とてもつらかったのです。

「お父さんもかしこい、弟もかしこい、でも私だけなぜか、かしこくない」。そう思うたびに自己肯定感がどーんと低くなって、「できない」に追い打ちをかけていくようでした。「もともと頭が悪いから、努力してもどうせできないんだ」という思いは増すばかり。こうなると「勉強は嫌い」が先立ち、がんばっても身につかなくなりました。そして結局がんばらなくなりました。

だからこそ息子たちには、私の自己肯定感が低くなったようなことはしないと固く決意したのです。「がんばればなんでもできるよ」と言い続け、自己肯定感が高くなるよう、常に戦略的に仕向けてきました。きょうだい比較も絶対ＮＧです。

このように私の子育てメソッドには、自分の苦い経験を反面教師にした部分も多いのです。私自身、迷い、苦しんだ勉強嫌いの子どもだったからこそわかる部分があり、それが息子たちへの子育てにもいきたのだと思っています。

30 中学受験の受験日目前にすること

中学受験は、お母さんの『女優力』で模擬テストのように本番を受けさせるのが、勝利できるコツです。

一番ダメなのはお母さんがおろおろすること。不安は伝染します。お母さんが不安になると、**子どもまで不安になる。**フリでいいからど～んと構えること。私も長男のとき、実はとても不安でした。それをどうしたかというと、不安の原因が何かをよく考えて、塾の先生に電話で相談していたのです。

塾の先生は毎年、受験を経験されています。当日の朝はどのくらい早く行けばいいか、控え室はどうなっているか等々、息子が通っていた塾ではそれは親切に事細かに教えてくださいました。忙しい時期の先生には大変申し訳なかったですが、それよりも私の不安をなんとか減らしたく、いっぱい相談させていただきました。

塾の先生から「お母さん、大丈夫ですよ」と優しい声掛けをされて、思わず涙が出てしまったことも。「こんなとき、お父さんがいる人は、励ましあえるからいいなあ、シングルの私は誰にも相談できないもの」と落ちこむときもありましたが、「子どもはすごくがんばってるんだから、私だって『女優力』で乗りきらないと！」と、繰り返し自分に言い聞かせていました。

受験直前から本番の日までは毎日、普段どおりに過ごせることが合格につながります。中学受験はお母さんがカギを握っているのです。緊張は誰もが感じる当たり前の状態です。私ですらしましたから（笑）。いつもどおり「がんばって勉強してえらいね」と励まして過ごしましょう。

長男は12月までは夜型でしたが、塾の先生と相談して1月1日から朝型に変えることにしました。第1志望校の受験日は1月3週目の土曜日。それも朝の8時半から試験開始です。3時間前には起きないと脳が働かないとテレビでよく見たので、1月1日から朝5時半に起こしました。寒いので、そこはケチらずタイマーで1時間前から部屋を暖めて、起きたら快適に動けるようにしておきました。

起きたら軽く準備体操をして、食事して、朝から勉強。かつて一度も朝に勉強をさせたことがなかったので最初は戸惑いましたが、塾から毎日の計算ドリルが与えられていたので、まずはそれをさせる。ほうっておくと寝てしまうので、慣れるまでは私がつきっきりで一緒に勉強しました。その生活に慣れてきたら、もう本番1週間前です。第1志望校を受ける前、大阪でほかの私立中学も受験しました。塾のすすめで、偏差値とテスト傾向が似ている学校を先に受けることにしたのです。まだまだ子どもの6年生、いきなり第1志望校が試験本番になるのも確かにかわいそうだと、受験しに行きました。これはできるならトライしておいたほうがいいと思います。ここでは無理して高いレベルの学校を受験するより、合格をもらえそうなところがいいと思います。

当時、インフルエンザが流行《はや》っていたので、京都から大阪へ行くのも不安でした。受験日の電車移動は当然、マスク着用です。テレビの健康情報番組から、唾液が出ていると風邪がうつりにくいという情報を知り、「アメかガムを食べると唾液出るやん」と考えて、マスクの中ではふたりしてガムを噛《か》んでいました。真の有効性はわからないけど、大学受験のときもそうさせました。

大阪の受験を終えると、残り1週間を切り、おそらく本人の緊張も増したでしょう。塾では

「受験日まであと○日」と張り出されていますし、緊張はどんどん押し寄せてきます。子どもたちほぼ全員がそうだと思います。でも**この緊張に打ち勝つ親子でないと合格は手にできないのです。**

この緊張した1週間も今までどおり、私は仕事終わりに塾まで車で迎えに行って、お風呂に入って早く寝て、朝5時半に起きる。普段と同じようにつとめました。「あと○日で本番」と言うのは家では禁句にしました。子どもは塾で見るからわかっていますし、これを口に出すとプレッシャーがかかりそうで一度も言わなかったです。**この時期のお母さんは、いかに足を引っ張らないようにするか、にかかっています。**

12月初旬には塾から受験説明会という保護者会があり、そこで持ち物など記したものをもらいましたが、一般的なことしか書いていないので、私は**私流の持ち物表を冷蔵庫に貼って、思いついたら書き足すようにしました。**「前日までに用意すること」「当日すること」「本人のかばんに入れておくもの」の3項目に分け、とにかくすべて記しました。前夜のメニューから、当日のお弁当内容、朝○時に起こす、鉛筆、消しゴムといった当たり前すぎることまでです。これを話すと「そこまで書くの？」と驚かれますが、そうです。なぜなら、緊張するとパニックになるからです。落ちついているときにしっかり書いておく。当日に受験票や時計など、とんでもない忘れ物をしたって話も聞きますし、そうしたらよりパニックになるでしょう。これは大正解でした。事前に書いておくと落ちつけます。

我が家では試験前日の晩ごはんはいつもハヤシライスと決めていました。模擬テストの前日も、本番のテストの前日もすべてハヤシライスです。第1志望校の受験前日は、早々に塾が終わり、子どもはすでに帰宅していましたが、私は仕事で早くは帰れない。食事は20時半になります。大事な日でも休めない仕事だったので、さっと食べられて胃にもたれず早く寝られるメニューと考えて選んだのが「ハヤシライス」だったのです。これなら事前に用意しておけば、温めるだけですぐに食べられますから。

本番前日もテレビを見ながらいつもどおり食事します。「明日はテストだから今日はテレビ見たらあかん」とは言わない。いつもと一緒が一番。「明日テストだから早く寝なさい」「明日テストだからさっさとしなさい」などの**命令口調は絶対禁句**です。

受験当日は学校によって、注意事項が違います。第1志望校の控え室は体育館で寒かったため、暖かいダウンコートを着せ、手がかじかんでは不利だと思い、貼らないタイプの使い捨てカイロを手に持たせ、ひざ掛けも持参しました。校舎内へは保護者は入れませんから、事前に子どもにはその旨を伝えておくほうがよいかもしれません。入ったらすぐにトイレに行くことや、暑かったらカーディガンを脱ぐように言っておき、ひざ掛けやマフラーなど余分なものは私が持ち帰りました。

偏差値の高い学校になるとどこの塾も力が入っていて、雪が降っているにもかかわらず外でレジャーシートを敷いて勉強させていたり、「エイエイオー」と叫びながらみんなで行進している塾、はちまき姿で行進している塾などがありました。関西だけかもしれませんが、異様な光景でした。場の雰囲気にのまれないよう、お子さんに声掛けしてあげるのもいいかもしれません。

息子の塾はありがたいことに、「教室に入ってからやりなさい」とプリントを渡してくださったので、長男は、「早く教室に入ってプリント解きたい」と言ってました。まだまだ子どもの小学6年生ですから、することを与えておいてあげるほうが、きっと緊張しなくていいのでしょうね。

次男が小学６年生の運動会。応援団長になった次男は、聖火や、おみこしで登場などの提案をして、通ったそうです。これぞ「アイデア脳」。

第１志望校だった洛星中学の合格発表当日。右が長男、左が次男。事前に北野天満宮に行き、自分で絵馬に願いを書かせて目標の「見える化」をしました。

コラム3

「困ったお父さん」対処法

夫婦ゲンカの原因でかなりやっかいなのが、子育てに対する意見の相違です。私もパーソナルサポートをしているお母さんから、お父さんについての相談もよく受けます。

お母さんが私のお伝えしていることを守って「学校も塾もがんばっててえらいね」と子どもをほめていたら、「学校や塾なんて行って当たり前だ」とお父さんが言いだし、それを止めたら、「お前が甘いからだ！」などとさらに腹を立て、長時間の説教タイムに入る、なんてことも。

「俺は塾も行かずに国立大学へ行ったのに、塾まで行って成績が伸びないならやめろ」「お前（お母さん）の育て方が悪いから成績が上がらないんだろう」等々。自分はさほど苦労せずに優秀な大学へ行けたというお父さんや、逆に強い学歴コンプレックスを持つお父さんが、このように「ガミガミ」してしまうケースも多いです。

「子どもを叱ってばかりいる夫の対処法はないですか?」と、何人ものお母さんから聞かれました。そこでたくさんのお母さんたちが成功した方法をお伝えします。お父さんとうまくいっているという方はスルーしてくださいね。

【成功例1】お父さんの得意分野をいかす（5歳女児のお母さんの例）

夫婦ゲンカが絶えないことを悩まれていたワーママ。お子さんは年中の女の子でしたが、お子さんの前でもケンカがやめられず、お子さんは癇癪《かんしゃく》などが頻繁《ひんぱん》に起こるなど、不安定になっていました。

ケンカの原因を伺うと、自分も働いているのに休日にお父さんだけがごろごろとゲームなどする姿を見ると腹が立ってしまい、「どうして私だけこんなに大変なの!?」と、イライラをぶつけてしまうとのことでした。

そこで、まずお母さんの苦手なことの中で、お父さんが得意なことは何かを伺いました。すると、お母さんは運動やお絵かき、工作が苦手だけど、お父さんは得意とのこと。そこでこんな提案をしました。

「それでは家事の協力を頼むのではなく、お父さんの得意なことでお子さんと一緒に遊んでもらったらいかがですか？」

誰しも得手不得手がありますから、得意なことをしてもらうとお父さんにとっても負担が少なくてすみます。さらにお母さんは苦手なことですから、お父さんに感謝もできるようになります。実際に試してみると、お父さんも久々に感謝されたことがうれしかったようで、徐々にもっと役立とうとがんばるように変化。そのうち、だんだんと家族円満になり、お子さんにも笑顔が戻ってきました。今では休日になると、もっぱらお父さんがお子さんと運動して遊んでいるとか。最近ではお父さんも一緒にパーソナルサポートに参加され、工作やお絵かきを披露してくださっています。

【成功例2】　お父さんをほめながら話をすりかえる（思春期女子のお母さんの例）

お父さんの説教が始まると、「パパはかしこいし、えらいよね。ママはそんなすごいパパが大好きなんだよ。ところでパパ、今度の日曜の予定なんだけど……」と、お父さんを笑顔でほめまくって、その間に子どもには合図をして退散させつつ、違う話にすりかえる。これを続けた結果、ご夫婦はお茶やランチで楽しくデートするようになり、お父さんから子どもへの説教被害が極端に少なくなったそうです。お母さんの「ほめ＋笑顔」でお父さんを変えることができました。

【成功例3】 お子さんと一緒にお父さんをほめまくる （2歳・6歳女児のお母さんの例）

おもちゃが散らかっていることで毎朝、夫婦バトルになっていたというワーママ。6歳の娘さんと一緒になってお父さんをほめてもらうよう、アドバイスしました。「お父さんは働いてるのに、きれい好きだよね～。まめだし本当に助かるよね。うわ、片づけもしてくれるんだ？ こんないいお父さんいないよね～」と、長女とタッグを組んだダブル『女優力』。お父さんは徐々に片づけしてくれるようになり、お母さんもかなりラクになったそうです。

いかがでしょうか。お父さんだって実は、「ほめて認められたい」のです。このように、お父さんに悩むお母さんには、「ほめ＆『女優力』」をフルに発揮するよう、アドバイスしていますが、少しほめただけでお父さんが意外なほど喜んでくれて、いろいろうまく回るようになったという声がたくさん届いています。

「子どもはかわいいからほめられるけれど、お父さんをほめるのはどうも腹が立って無理」と言うお母さんもいらっしゃいます。特に共働きのお母さんに多いです。「こっちだって働いている。私もほめてもらっていないし、どうして私だけがほめなきゃいけないの？」という意見が大半ですが、そんな主張で意地を張るより、自分が折れてほめればストレスが減る、家族がうまくいくならそれでいいんじゃないでしょうか。お母さんは家族が円滑にいくための、影の仕掛け人だと思いましょうよ。

お子さんだって、そのお母さんの姿を見て学んでいます。ほめ上手に育つと、敵も少ない「生きやすい子」になるでしょう。お父さんを『女優力』でほめるだけで、みんながうまくまわるのです。お父さんにも子どもにも、お母さんのほめ作戦を使ってみませんか？

4章
中学・高校編

31 中学入学はゴールじゃない！中1の夏休み明けまで見守る姿勢が大切！

やっと中学入試が終わり、家族みんなで一段落。ここではゆったりとした時間を思う存分、過ごしてください。なぜならば中学入学はゴールではありません。合格発表の1ヵ月後には、大量の宿題が課される学校が多くあるからです。驚く方もいらっしゃるかと思いますが、これがないと子どもたちは遊んでしまうので、私はありがたいと思いました。せっかく身につけた学習習慣ですから継続させたいものです。

入学式後はすぐに勉強が始まりますが、難関大学をめざす進学校は、最初の授業から難しいといいます。うちは自転車通学でしたが、バスや電車で1時間以上かけて通う子もざらですよね。慣れない遠距離通学に、難しい勉強、たくさんの宿題、新たな友達作りと、子どもはいろいろ大変です。

学校が始まると多くのお母さんは、「中高一貫校だし安心して学校にまかせればいい」と思われるようです。「中学生だからひとりでがんばりなさい」って。でも待ってください。6年生までは塾で至れり尽くせりしてもらっていたのに、急にサポートもなく難しい授業が始まるのです。軌道にのるまではしっかり見守ってあげてほしいと思います。監視じゃないですよ。困ったことをキャッチできる態勢でいるのです。毎日、話を聞いてあげましょう。

最初は一緒に宿題するのもいいと思います。**「もう中学生なんだから」ではなく、寄りそう気持ちが大切。**慣れないうちは宿題を控え忘れてしまう子もいます。うちの長男は初めての中間テスト前に、「テスト勉強、何したらいいかわからない」と言いだしました。さすがの私も「え？4月から習ったところが全部やん。なんでわからないの？」と思いましたが、塾が至れり尽くせりしてくださった後遺症かもと思い、慣れるまで一緒にチェックしました。

「過保護じゃないの？」と思われるかもしれませんが、4・5月は不慣れな困りごとを聞いてあげる姿勢でいましょう。**最初の「楽しい」が大学の現役合格につながる一歩**と思っています。

第1志望の中高一貫校に晴れて合格した先にだって、落とし穴はあるのです。中学入試をへたことで、同級生の偏差値はある程度の幅にしぼられています。そうすると小学校では上位の成績でいられた子どもでも、中学校では難しくなるケースが当たり前に出てきます。お母さんが成績トップじゃない我が子を受け入れられるかどうかで、その後の親子の絆《きずな》と大学合格の勝敗は決まるのです。

4月になってほとんどの子どもが「自分は普通だった」と気づかされますし、多くのお母さんは初めての中間テストの後、子どもの成績を受け入れられなくて大爆発します。

偏差値の高い中学は、小学校で上位の子どもの寄せ集めなのですから、その中でトップをとるのは大変なことです。それを「努力が足りないからだ」と一方的に決めつけて叱ると、親子不仲につながります。子どもにしたらわかってもらえないさびしさから、言っても無駄と急に何も言わなくなる。勉強についていけないから自己肯定感が下がり、学校へ行けなくなることもあります。でもそれらはお母さん次第で止められるのです。「そりゃ当たり前だよ〜。みんなが1番なわけないよね、せっかく受かったんだから楽しまないとね〜」と言えるくらい気楽にいきましょう。

どうしてこんなことを言うのかというと、中学1年生の夏休み後、学校に行けなくなる子どもや、退学してしまう子どももいるからです。苦労して合格したのに、です。お願いだから夏休みが明けるまでは、追い詰めないよう、心がけてほしいのです。

第1志望校が不合格だったら

第1志望不合格の場合、まずはお母さんのモチベーションが大切です。受験勉強中は不合格なんて想像もしたくないでしょうが、そんなときにどう言うのか、心づもりをしておいてほしいと思います。冷静に考えておけるお母さんのほうが、先々、親子で幸せをつかめると思いますから。

まず考えてほしいのは、子どものほうがショックだということ。そして中学受験はただの通過点だということ。人生はまだまだこれからです。大学受験やそれからの人生のほうがずっと長いのですから。不合格でもその経験は絶対に人生の役に立ちます。

まずは「くやしいのわかる〜、がんばってたの知ってるからね」と子どもに寄りそって、大泣きさせてあげてください。そこからはお母さんの『女優力』が勝負です。「受験した経験は将来、絶対に役に立つよ」と、明るく言いましょう。お母さんもショックでしょうが、まずはお母さんがお子さんに前向きな声掛けをしてほしいのです。

お母さんのほうが落ちこむのは絶対にNG。その姿は何より子どもの自己肯定感を下げます。ましてや、「だからもっと勉強しなさいって言ったのに」なんて今さら言ってもしょうがない文句を言ったら、**自己肯定感を下げるだけではなく、一生親子不仲の始まりになる場合もあります。**中高生の時期に不満を抱えたままで、何か相談したくても親にはできないというかわいそうな事態になることもありえます。そして、親との不仲が原因で、親が来られないくらい遠い大学をめざす子どももいます。もちろんその大学の学部に行きたいという本来の目的ならいいですが、子どもが親から離れることだけを目的に大学受験するなんて、そんな人生は歩ませないでほしいのです。

中学校には、そこが第1志望の子からすべり止めだった子までいます。まずは子どもが通いだした中学校を第1志望だったと考えて、その中学校のよいところを探してみましょう。クラブ?

先生と子どものかかわり方？　ぎりぎり入れたかもしれない中学校より、通いだした中学校のほうが自己肯定感を高く保てるかもしれないですよね？　もしかしたらそのほうが自信が育ってよいかもしれませんよね？

子どもは意外と早くなじみ、楽しくしようと思っているのに、お母さんだけがずっと引きずるというパターンも多いです。お母さんが率先して現実を前向きに受けとめないと、親子ともどもずっとうまくいかない人生になる恐れもあります。そこから**子どもの人生がうまくいくか、いかないかのすべてはお母さんの気持ち、お母さんの『女優力』**次第と思って、前向きにがんばってくださいね。

32

中高生活の充実にはクラブ入部がマスト！

中学校に入学したら、まずは学校での居場所作りが大切です。そのためにもクラブ活動は絶対に入るようにすすめてください。中高生になると、クラブメンバーと過ごす時間がもっとも長くなるので、親友もクラブでできがち。一生もののコミュニケーション力を鍛えるためにも、友達を作るためにも、クラブは絶対に必要だと思います。

好きなクラブに入らせてあげましょう。「勉強のさまたげになるから入れたくない」というお母さんもいらっしゃいますが、やりたいクラブすらできないと心のよりどころがなくて、勉強だってがんばれなくなる可能性もあります。クラブで絆を深めた友達の存在は、高校３年生の受験時のがんばりにもつながりますよ。

クラブは中１のＧＷ明けからのスタートが多いので、４月は子どもがクラブ見学に力を入れるよう、陰ながらプッシュ。私は毎日、「どんなクラブに入りたいの？　見学は行った？　誰とどんなクラブの見学に行ったの？」などと、勉強についてより熱心に聞いていました。この時期を逃すと入りにくくなるクラブもあるようですし、**その辺は子どももまだよく理解できていない時期なので、一緒に注意して考えてあげましょう。**

中高一貫校は高校受験がない分、よりクラブに打ちこめます。そこでできた友達は一生の親友になるかもしれません。何をがんばるにも友達がいないとつらいものです。我が家は長男がバレーボール、次男はサッカーでしたが、休日に遊ぶのもほとんどクラブのメンバーでしたし、修学旅行の班もそのメンバーでした。大学へ行ってもそのメンバーで会っています。中高生時代を、一生の中でかけがえのない青春にしてほしいですよね。学校生活を全力で楽しめるように、お母さんの声掛けをお願いしますね。

33 真面目な子どもにしたいなら手作り弁当！

私立中学は給食ではなく、お弁当という学校がとても多いです。もちろん学食はありますが、私はなんとか手作り弁当をがんばってほしいと思っています。私も当時、息子たちと同じ時刻に出勤しなければならなかったため、毎日のお弁当作りは本当に大変でしたが、高校3年生の最後まで作り続けました。

これは私見ですが、面倒なお弁当作りを毎日がんばるお母さんって、きっと真面目な方が多いと思うのです。そして真面目なお母さんの子どもも、きっと真面目だろうと思います。毎日、お弁当にすることで、真面目な友達ができたらいいなあとも思っていました。「お弁当だから現役合格！」とは一概にいえませんが、毎日お弁当の子どもは、確かに真面目で勉強熱心な子どもが多かったように感じました。

お弁当だと、栄養面の配慮ができるのはもちろん、トラブルや勉強でつらい時期も、食べ残しで体調の良し悪しに早く気づけたり、メリットがいっぱいなのです。

中学生にもなると子どももずるがしこくなり、子どもから「お弁当はいらない」と言いだすケースも多々あると聞きます。そして毎日、学食の安いラーメンでお金を浮かせ、こっそりゲームやマンガを買っていた子どもが何人もいました。毎日、昼食がラーメンだと栄養が偏りますよね。脳のためにはたんぱく質やビタミン、ミネラルなど、多くの栄養素をとってほしいのに。

ただ、学食の楽しみもありますから、我が家は土曜日だけは子どもからのリクエストで、ふたりとも学食にしました。絶対お弁当じゃなきゃダメとするのではなく、適度に取り入れたらよいと思います。

34 中高生になっても親は100%味方！

我が家では学校に少し慣れてからも、入学時と同様（P215）、勉強よりクラブのことを聞くようにしました。勉強のことばかり聞くとあまり話さなくなるかもしれないと思ったし、何より家はストレス発散の場であってほしかったのです。

特にうちは母子家庭なので、お母さんは優しく、お父さんは厳しくなどの役割分担はできません。ひとりで両方の役割をしないといけないので、ガミガミは封印してもっとも重要な「認めて受けとめて100%味方」のみをつらぬこう、本当に困ったときはしっかり助けてあげられる態勢でいようと思っていました。

中高生になっても今までと変わらず、家が帰りたい場所であることは重要です。そのためにも、朝の見送りだけは絶対に笑顔で、と決めていました。毎朝、忙しくて戦争のようでしたが、息子が家を出る瞬間だけは最高の笑顔です。もし前夜に悪いテストを見たとしても、朝全然起きてくれずイライラしていたとしても、「いってらっしゃ〜い、がんばってね〜」と、玄関では絶対ニコニコ。高校3年生までずっと続けていました。

家を出るときにお母さんが怒っていると、子どもは重い気持ちを引きずったまま学校と塾へ行く。これではがんばろうとしている子どもの足を引っ張りかねません。**お母さんの怒った顔がずっと脳裏に焼きついているより、笑顔のほうががんばって一日を乗りきれる**と思いませんか。だから毎朝、能天気なくらいの笑顔で見送りました。

学校や塾から帰ってきたら勉強のことはあえてふれずに、「おかえり〜！　疲れたやろ〜、毎日がんばってえらいなあ」と笑顔でねぎらいました。ガミガミの怖いお母さんがいる家と、ニコニコ笑顔のお母さんがいる家、どちらが帰りたくなると思いますか？

高校生のお母さん向けのセミナーでは、「家の中で、〝浪人〟という言葉は絶対に口にしないでください」とお伝えしています。お母さんが「浪人してもしょうがないよね」と言うと、子どもは期待されていないと思ってがんばれません。「そんなに勉強しなかったら浪人するよ」「それだけゲームしていたら絶対受からないわ」といったマイナスの発言もNG。「叶《かな》う」という漢字は

「口」（クチ）に「十」（ジュウ）と書きます。10回、口に出すとよいことも悪いことも、叶ってしまうと考えて、マイナスの言葉は控えましょう。

我が家では長男が中3で成績急落。めまいがするほどの点数が続き、思わずマイナスの言葉を言いそうになりましたが、必死でのみこみました。模擬テストでは、高2までは合格がほぼ見込めないE判定ばかりで、高3でやっとC判定に。それでも合格率は50%あるかないかです。なのに長男は判定が上がったことを喜んで、「来年、川島海荷《かわしまうみか》ちゃんの武道館コンサートに行くねん」と能天気。「まだまだC判定やで。合格できたらな」とイヤミが喉元まで出かかったけれど、なんとかのみこんで、「そうやな。行ったらいいやん〜♪」と言いかえました。1年後、合格して本当に行ってきましたよ。

35 ストレス発散が受験成功の秘訣《ひけつ》。最高の薬「笑い」を取り入れよう

既出ですが、我が家ではお笑いやバラエティ番組がみんな大好きで、長男が高校2年生までは食事しながら一緒に見て大笑いするのが日課でした。でも高3になると、「さすがにまずいかも」と思って、ＮＨＫの高校生地理やニュース番組を録画して見せるようにしてみました。長男は何も言わずに見ていましたが、数週間して、「やっぱり好きな番組を時間決めて見たら？」と私から提案しました。ずっと勉強しているのに真面目な番組ばかりではかわいそうに思えたのです。それからは録画番組を一日1時間、ちょうど1番組を見終えて、毎日、大爆笑してから寝るようになりました。

私自身も笑いをとりたくて、自虐ネタをいっぱい話しました。失敗したエピソードがあったら、「今日、仕事に自転車で行ったのに、忘れて歩いて帰ってきてしもた！」「プールでバタフライしたら5メートルでおぼれてん！」等々。息子がバカにした半笑いを見せたら「大成功！」って思っていました。だって、**笑うことはストレスを軽減してくれる最高の薬**だと思っていたから

です。

高3では特にお笑い番組に助けられたと思っています。毎日、学校と塾に行って23時まで勉強。夏休みはなんと朝8時過ぎから23時過ぎまで塾です。自らめざしているとはいえ、ストレスはいっぱいなはず。ストレスは日々蓄積するから、毎日、笑いで発散してリセットし、空っぽにして次の日に挑ませてあげるのが大切です。だからこそ、塾から帰ってきたら「がんばってきてえらいなあ」と笑顔でほめ、次は笑わせて寝させる。これが成功の大きな秘訣だったと思っています。

受験が終わってから友達にこの話をしたら、「先にその話を聞いておきたかった。子どもががんばって勉強しているから、音を立てても笑ってもダメと思って、家族みんなが1年近く笑ってなかった。ストレスしかなかったよ。笑ってもよかったんだね」と言われたことがありました。

あと、お母さん自身のヘルスケアも大切です。私は『女優力』で能天気を装ってましたが、ストレス発散はかなり心がけました。この時期は更年期障害にも突入。私は長男が高2のころから更年期障害が始まり、朝起きるのも苦痛。昼の休憩時間はソファで寝て、はうように夕方から仕事に行く日々が続きました。しんどくて何度もやめたいと思いながらも、やめたら生活できないので必死。肩こりに腰痛、デスクワーク疲れから右手に力が入らなくなったり、日々あらゆる不調とのたたかい。ストレス太りも加わって、今よりも5キロくらい太っていました。

そんな私を見ていた長男が「その姿、人間ちゃうで。スポーツジムでも行ったら？」って。確かに会社のデスクワークと家との往復で、運動なんて全然していませんでした。素直に言うことを聞き、スポーツジムに即入会。ヨガ、水泳、ズンバなどを少しずつ始め、仕事の合間や土日に通いました。

息子のアドバイスで、私の更年期はずいぶんラクになりましたが、**更年期とストレスが重なり、受験期に言ってはいけない言葉を発してしまうお母さんはたくさんいます。受験成功のためにも、お母さんのストレス発散は必要不可欠。**多くのお母さんが、「スポーツジムなんて無理」と言われますが、なんだっていいんです。私のおすすめは買い物などに行く車中で、ひとり松田《まつだ》聖子《せいこ》メドレー。大声で熱唱、これ最高ですよ。

高3からは特に『女優力』で平静を装うよう、徹していましたが、こんな私ですら、長男の大学受験目前の12月には不安から胃が痛くなりすぎて胃カメラ受診をしました。胃潰瘍《いかいよう》の跡はあったものの大事には至らなかったのですが、心配をかけたくないので息子には内緒にしました。成績のことなど不安なことは、とにかく塾の先生に聞いてもらっていました。もちろん息子には内緒で、ですよ。

試験当日にプレッシャーでつぶれそうになった次男

次男の大学入試センター試験（現：大学入学共通テスト）でもお笑いに助けられました。センター試験の前日は塾も早く終わるので、次男は18時くらいには家に帰っていたのですが、私は仕事のため20時過ぎに帰宅。すると家が真っ暗です。見渡すと、真っ暗な中、暖房も入れずにリビングに次男が座っていました。

「ヤバい。プレッシャーにやられてる⁉」、そう思った瞬間、『女優力』で冷静をつらぬきました。「暖房をつけないと寒いやん。電気もつけないと暗いやろ？」と、ごく普通に声をかけた後、テレビをつけ、録画している中でも一番おもしろそうなバラエティ番組をつけました。やっと次男は、「明日テストやのにテレビ見ていいの？」と口を開きました。「いいやん、別に」。私は平気な顔を演じて、淡々とハヤシライスを温めました。

ごはんを食べながらテレビを見ていると、笑い声まで出てきたりして、ちょっと落ちついたようでした。ですが、私はこの空気にひとりでは耐えきれないと思い、こっそり長男にLINEしました。

「けんご（次男）が大変やから、早く帰ってきて」。長男は塾講師のバイト中だったので、「無理」と返事が来ましたが、必死でお願いしました。長男のバイト先と次男が通っていたのは同じ塾だったので、その後、長男から話を聞くことができ、だいたいの事情がわかりました。

「けんご、明日のセンターで、9割5分とってくるって宣言したらしいわ。みんなの前で自分の首を絞めるような発言をしてしまったんや」ということでした。プレッシャーのあまり、過剰な強気発言をしてしまったのでしょう。


でもお笑い番組を見せたことで青くなっていた顔色も戻ってきて、かなり救われました。我が家にとって「笑いが人生を救ってくれた」と言っても過言ではない出来ごとでした。試験本番前夜、テレビのせいでケンカする家庭はあるかもしれませんが、テレビ様様と思っているのは日本中でうちだけかも。

でも私があのときおろおろして「何してるの！　電気も暖房もつけないで。早くごはん食べて早く寝ないと、明日テストやのに！」などの声掛けをしていたらどうなったのでしょうね。考えると恐ろしいです。

テスト前日って、本当に何が起こるかわからないのです。脅すつもりはないですが、中学受験と違って、**本人が何もかもわかっている高3だからこそ**、プレッシャーは半端ないのだと思います。何年間ものがんばりが、センター試験のたった2日間で決まる可能性もあるのですから。その日、塾では女子生徒のひとりが泣きだしたところ、みんながつられて泣いてしまう出来ごとがあったそうです。うちの次男の場合、長男は現役合格だったし、日頃から先生や周りのお母さんたちに、「あなたは大丈夫」と、よく言われていたので、それがかなりのプレッシャーになったのだと思います。

プレッシャーはあらゆるところに転がっています。大学受験の子どもには、お母さんの動じない『女優力』と笑いが、大きな助けになります。お母さんはどんな緊迫したシーンでも、笑える環境作りをがんばっていただきたいのです。

コラム4

受験時のここまでやったよ（ちょっとやりすぎ!?）リスト

テスト本番の直前から当日までは、かなり細かいことまで気を配りました。人に話すと驚かれることも多いので、どんなことをしたかをお教えします。絶対必要なことではないですが、なんらかの参考になればうれしい限りです。

●テスト当日のお弁当

この日のお弁当の目的は、栄養より気持ちよく午後のテストに挑めることと、がんばる気持ちになれること、手早く食べられること。緊張でおなかも減らないかもですし、食べきらなきゃというプレッシャーは避けたいので、あえて手抜きをして、「手をかけてないお弁当だから残していいよ。満腹で実力が発揮できないと困るから」「おにぎりは、ひとくちずつ食べてもいいよ」等々、細かく伝えておきました。

メニューは、おにぎり3種（鮭《さけ》、梅、たらこなど）と、卵焼き、ソーセージ、冷凍から揚げ、冷凍鶏団子《とりだんご》（汁は絶対に出ないもの）など。おにぎりは食べやすいようにひとつずつラップでくるみ、好きなものだけ選べるように中身を書いた付箋《ふせん》を貼る。冷凍食品は事前に私が毒味を済ませておきました。以前に冷凍食品の農薬混入事件もあったので、もし本番に当たったら嫌だから。本人の実力が発揮できないような可能性は少しでも排除しておきたいのです。

模擬テストも本番の試験もお弁当の中身はあえて全く一緒にします。そのほうが「いつもどおり」という気持ちになれ、緊張をふせげるかもと思ったからです。あと、アメとチョコも入れておきました。午後のテストのためにも糖分は必要ですからね。

●試験会場の下見　中学受験編

家から試験会場までの下見は絶対に必要。初めて行く場所って緊張するものですが、行ったことがある場所なら緊張も軽減するはずです。できれば学園祭などでお子さんも一緒に見ておいて、トイレの場所などもチェックするのがベスト。中学受験のときは学園祭に何度か行っておいたおかげで、アクセスは完全に把握できていました。

●試験会場の下見　大学受験編

大学の試験会場も、子どもと一緒に下見することをおすすめしています。受験当日の子どもの緊張を数パーセントでも減らしたいからです。私はセンター試験のとき、息子と下見に行く前に、3度もひとりで下見に行きました。試験当日に車で送迎したかったので、家から会場までのルートが3本あるうちのベストコースを調べたかったのと、息子と下見する際、スムーズに誘導したかったからです。広い大学内では受験する校舎を探すのも至難の業。だから事前に電話で問い合わせて、受験会場の校舎を聞き、校舎と控え室の場所まで確認して、下見のときに息子たちに伝えました。でも高校3年生ですから、下見を面倒がったり、行ったとしても友達と一緒や、ひとりで行くと言われたというお母さんも多かったです。その辺は様子を見て、強制せず子どもを信頼して任せてあげるのもいいかもしれません。

●腸内環境を整える

長男が大学受験のころ、テレビの健康番組をすべて録画してチェックしました。もともと健康オタクなのですが、息子にいかしたかったのです。その結果、「腸内環境を整えるとよい！」という私なりの結論に至り、食物繊維や乳酸菌、発酵食品を毎日摂取。朝はヨーグルトにバナナ、レーズン、ハチミツ。ヨーグルトとハチミツの組み合わせが腸にはよりいいそうで、これは今でも毎朝の定番です。

受験目前の10月ごろからは、寝る前に「明治ヨーグルトR－1」ドリンクタイプを、毎日、家族全員で飲みました。寝る前に飲むほうが、睡眠中に菌が働いてよりよいとのこと。ヨーグルトによっていろんな菌があり、その人の腸に合うかどうかは10日くらい試して探せばよいらしいのですが、そんな悠長なことは言っていられません。だから朝は「明治ブルガリアヨーグルト」、夜はR－1、昼には保冷パックに入れて違うメーカーのヨーグルトドリンクを持たせる。一日複数の菌。数うちゃどれか当たるでしょ～、という作戦でした。

●マッサージ

大学受験は本当に過酷で、体が本番までもつか、とても心配でした。特に長男は成績が高校3年生初めまで伸び悩み、奇跡が起こったら受かるというレベルでした。天才肌ではなく100％努力型ゆえに、高3の1年間は、命がけといっても過言ではないほど猛勉強していました。

勉強のしすぎで、夏休みごろから足は押しても戻らないほど、むくむようになりました。一日中、塾で座って勉強するため、血行が悪くなり、足指は秋くらいからすべてしもやけに。秋からは、足が痛い、肩も腰も痛いと言いだしたので、毎晩、お風呂上がりに私がもんでいました。

マッサージ中も長男は英語や地理を覚えます。足の指すら痛い、心臓も痛いとも言っていたから、そのときは気がつきませんでしたが、エコノミー症候群や心筋梗塞の手前だったかもしれません。医学部現役合格は命がけです。次男にはそうなる前にストレッチや柔軟体操を教えて、学校でもやるように言ったところ、むっちゃ素直なので、みんなの前でもしていたそうです。友達から「何してるの？」って聞かれたら「肩甲骨を動かしてる」と答えていたとか。

●冷え防止アイテム

長男は秋ごろからストレスでおなかもゆるくなってしまい、スーツの下に着る男性用腹巻きをずっとつけていました。兄弟ふたりとも愛用したのは5本指の靴下。全身の血行をよくすると聞いたし、しもやけ防止でもありました。塾では足が冷えたため、携帯用スリッパを持たせました。

整腸剤もいっぱい試しました。精神的なストレスが原因とわかっていたので、効かなければ違う整腸剤を与える。模擬テストでもお弁当の上にラップに包んでセロハンテープで貼っておきました。ビタミン剤やドリンク剤も飲ませていました。

●アロマでリラックス

以前、アロマ講座を学んだ際に、香りは記憶に残りやすいということを知り、最大限に利用したいと考えました。低学年のころから家でそろばんや勉強をするときには、「集中」の香りを使い、同じ香りをそろばんの検定試験時、かばんと筆箱にこっそりシュッとふりかけていました。塾の模擬テストや、本番の入試の際もそうしました。試験時、家と同じ香りでリラックスできたらいいなあと思って。プレッシャーになるから本人には言っていませんし、気づいていたのかもわかりませんが、おまじないのようなつもりでやってみてもいいと思います。

●センター試験には座布団

センター試験は長時間です。1日目を終えた長男が「お尻が痛い」と言うので、2日目は座布団を持たせたところ、前日より集中できたそうです。試験会場によって椅子が違い、痛くなる会場とそうでない会場があるとか。次男のセンター試験会場は京都府立大学でしたが、下見に行くと折り畳みの椅子で見るからに痛そう。そこで滑り止めつきの座布団を作りました。具合がよかったのか、2次試験にも持っていきました。当時は持参する場合、文字が書かれていないデザインであることがルールで、係員のチェックもありました。

●道具のメンテナンス

マークシート用の鉛筆や消しゴムが売られていますが、息子曰《いわ》く、書きやすくて消しやすいそうです。鉛筆は前日に削って用意しますが、芯先がとがりすぎているとマークを塗るのに時間のロスになると思い、私が少し先を丸くしておきました。いらない紙にぐるぐる書きするだけ。この作業で数秒は得すると思いますし、この作業は時間の無駄なので私がやりました。

時計は万が一故障することも考え、ふたつ持参。腕時計と旅行用の小さな置き時計を持たせました。置き時計なら卓上に置いておいて見やすい。でもすべると困るから裏に両面テープを貼り、机に貼れるようにしておきました。

36

大学受験にも効果がある「ぺたほめ」

「中高生で『ぺたほめ』はさすがに無理でしょ？」と言われることがよくあります。そう、実は私も同じように思っていて、中学生になるとほとんど「ぺたほめ」していませんでした。

「ぺたほめ」していなかったからかは不明ですが、長男は中学3年生の夏にクラブを引退して以降、成績が急落しました。息子の中学校では成績が下がると試合に出さないなど、成績までクラブの顧問が管理してくださるため、ありがたかったのですが、引退するとそれもなくなり、成績大急落。あまりの落ちっぷりに、本人から「塾行くべき？」と私に聞いてきたので、「そりゃ行ったほうがいいやろ」と、中3の終わりから塾通いを始めました。ですが、苦戦していました。

そんなある日、塾の英語の小テストで満点をとったようで、私が朝起きると長男が部屋のドアに満点の小テストを「ぺたほめ」していました。まさかの自分で、です。久しぶりに見た「ぺたほめ」でした。まだ貼ってほめてほしかったんだ、そうわかった瞬間でもありました。

もちろん、むちゃくちゃほめましたよ。「満点すごかったね。よくがんばってえらかったね」と、小さいときのようにね。いくつになってても認めてほめてほしいんだ、と思い直し、**高校生になっていましたが、「ぺたほめ」を再開**したのです。

それからは模擬テストを、あらさがしの反対で「ほめさがし」しました。急落した成績は簡単には上がりません。私が「この間より数学、がんばってるやん」と言っても本人は、「でも英語が悪いやん」と返してくる。そこで私がすかさず、「いいやん。がんばってるから大丈夫や、きっと」。こんなやりとりの繰り返しです。

蛍光ペンでほめどころを目立つように囲んで、「ぺたほめ」しました。ですが、ほめどころのないものは貼りません。隠してある模試もあったけれど、それには気がつかないフリをしておきました。だって、「見せたくない＝悪い」と思ってすでに反省しているってことですよね？　ただ、塾の先生だけには都度、電話して私の不安を伝えて、アドバイスをもらっていました。

そして最高の「ぺたほめ」の思い出といえば、長男も次男も大学合格発表後、「京都府立医科大学医学部合格おめでとう」、と冷蔵庫に貼っておいたら、帰ってきてから、「貼ってると思った〜」と、満面の笑みで言ってくれたことです。こうして私の「ぺたほめ」は、最高のファイナルを迎えることができました。

長男の大学合格以降は、たくさんのお母さんから「どうしたら合格できたの？」と聞かれたので、「よかった模擬テストを冷蔵庫に貼ってほめていたの」と正直に答えたら、のちにたくさんのお母さんからお叱りを受けました。私の言うとおりに「ぺたほめ」をしてみたら、「何を勝手にテスト貼ってるんや！」と、子どもに怒られたという声ばかり。最初は私のほうが理解できませんでした。「どうしてうちの息子たちは喜んでいるのに、ほかの子は喜ばないの？　違いはなぜだろう？」と悩みました。そしてわかったのです。うちの場合、小さいころから「ぺたほめ」し続けていたからだったのです。

中高生になってから「ぺたほめ」する場合、慎重にしないと「みせしめ」と思われ、逆効果になるのです。今まで「ぺたほめ」をしてなかった子どもの場合、中高生から急に「ぺたほめ」を実行しても、簡単には通用しません。急にほめられたところで、子どもは「これは何か裏がある」と、疑いのまなざしで見てしまう。子どもは素直に「応援してくれてうれしい」とは到底、思えない。こうなってしまうのは、それまでに「ほめる&認める」の機会も少なかったからかもしれません。

じゃあ**中学生になったら手遅れなの？　と聞かれると、それも違います。**

中学生の娘さんとの不仲を修復したいと思っているお母さんのパーソナルサポートをしたときの話です。最初、そのお母さんが娘さんに「ぺたほめ」をしたところ、「何をたくらんでるの？」と強く拒否されてしまいました。

そこで私がある提案をしました。それは、**まずお母さんが娘さんにあやまることです。次に「変わります宣言」**をするようにお願いしました。

「お母さんはこれまで怒ってばかりでごめんね。反省してる。これからは怒らないお母さんになろうと思ってる。今日からお母さんは変わるからね」、というように、今までのことはていねいにあやまったうえで、変わる宣言。真面目な態度&素直な気持ちで伝えてほしいとお願いしました。すると、だんだん母娘の仲は修復できていったのです。中学生になっても、お母さんが素直になれば、子どもも素直に変われることを確信できた出来ごとでした。

お母さんによってはあやまることを拒否された方もいらっしゃいましたが、実行された多くの方はかなり親子関係が良好になり、絆を取り戻せました。子どもがいくつになっても、お母さんがプライドを捨ててあやまると、受け入れてもらいやすいのです。子どもの成功と一生ものの親子の絆が手に入るなら、プライドなんて捨ててもおしくはないと思うのは、私だけでしょうか。

37 スマホとの付き合い方

中高生のお母さんからの悩みには、スマホに関する事柄が、成績の問題と同じくらいに多いです。今の時代は誰しもが抱える問題といってもいいほどです。

うちの場合、時代もあって、長男は大学受験の最後までガラケーでしたが、次男が高校1年生のときには、「スマホを買ってほしい」とお願いされました。次男は大のゲーム好きなので、正直、迷いましたが、彼なりの言い分がありました。「来年、高2になったら、文化祭のリーダーと体育祭の応援団長をするから、中学生から高2までの部員全員に練習などの連絡をとらないといけなくなる。メールを何十人に送るのは大変だけど、LINEグループだと簡単にできる。だからどうしてもほしい」と説明してくれました。そういう理由ならばと、次男にだけスマホを持たせることにしました。

私がまだ理解していないデジモノを持たせることに不安はありました。そこで、まず次男と約束ごとを決めました。次男の高校では、中間・期末テストの2週間前からクラブ活動が休みになるので、その時期はスマホを私に預けること。これは中学生のときからゲームも同様で、試験が終われば返すという約束でした。私に預けるまでは相当ゲームもしていたでしょうが、そこは次男を信じて全く規制しませんでした。

ですが高2になってからは何度か、「がいと（長男）の学年では、最後までガラケーの人しか現役合格してないで。けんご（次男）は、高2だから、今はいいけどね」って、「今はいいけどね」の部分を強調して伝えていました。

それがうまく響いたのか、高2の9月に文化祭リーダー、体育祭の応援団長をやり終えた翌月、次男は私にスマホを差しだし、こう言ったのです。

「自分で持ってたら、どうしてもゲームしてしまうし、受験終わるまでは預かって」

このことは学校でも有名になったそうです。ある日、同級生のお母さんから「けんごくんスマホやめたらしいね。すごいって学校中で話題よ」と言われて、びっくりしました。実は次男、LINEグループの全員に「さようなら」というメッセージを送ったのだとか。彼なりの勇気をふるった決別だったのでしょうね。

私が何も言わなかったのがよかったのか、「今はいいけどね」の念押しセリフがきいたのかわかりませんが、私は相当ゆるかったと思います。それまで全くガミガミ言われず、存分にゲームをやれたから、大事な時期になると、素直にやめることができたのかもしれません。

でも今のスマホは当時よりもっと進化して、ゲームやYouTubeなど、子どもの時間を奪う娯楽にあふれています。受験の命とりになった例もたくさん知っていますし、親子間のもめごとの原因になっている話は本当によく聞きます。ガミガミ言うお母さんほど、親子間の絆までゆるがすような大きなもめごとになりがちです。

とはいえ、2020年のコロナ禍以降は、オンライン化が急速に進み、学校の連絡がアプリに届いたり、有名塾の授業が動画で行われるなど、スマホが勉強のツールとして定着しつつあります。その一方で、スマホ依存の子どもが急増しているのも確かです。

スマホでトラブルにならないためには、なんといっても最初が肝心です。そこで私は**スマホを与える際に、親子で取り決めの文書を交わすことをおすすめ**しています。日々の使用時間、テスト前のルール、使用するアプリの制限等々、細かく決めます。もしものときのため、「この決まりを守れない場合は○日預かる」などの罰則も決めたほうがいいと思います。

ルールは親が一方的に決めるのではなく、「どうしたら大学に現役合格できると思う？」「スマホは便利だけれど、受験の命とりになる人もたくさんいるから上手に使いたいよね」と、**メリット、デメリットを親子で話しあい、互いが納得できるように**決めましょう。スマホ誓約書を2部作り、拇印《ぼいん》まで押させて交わしたという話も聞きました。これだと重要文書は2部作って署名捺《なつ》印《いん》するもの、ということも教えられるいい機会にもなりますよね。あと、「取り決め内容を変えてほしいときは話しあいに応じます」という一文も加えておけば、平等感も出てなおベストだと思います。本人だって大学は合格したいはずですからね。

38 国公立大医学部医学科合格の秘策

国公立大医学部に合格させるにはどうしたらいいか、というご相談をよく受けるので、私なりの考えをお伝えします。

まず、どんな大学を目指すにせよ共通で言えることは、本人がやりたい学校生活はすべて経験させてあげること。中高一貫校では高校2年生がすべてにおいて中心の学年になります。高2の文化祭や体育祭などの行事やクラブ活動、その打ち上げなど、なんなら後押ししてあげるくらいの味方になって、後悔のない高校生活が送れるように応援してあげましょう。ここでやり残しや後悔があると、その後、勉強へのがんばりがきかなくなるのです。中学受験同様、まずは充実した学校生活の経験、これが実は大学受験を成功させるとても大きな力の源だと思っています。

国公立大医学部をめざす場合、遅くとも高校生になるまでに医学部受験に強い塾へ通い始める必要があると思っています。学校は学生生活を満喫するところ、塾は受験に特化した勉強をするところ。**どんなに偏差値が高い学校へ通っていても塾は必要**です。

塾の先生曰く、女の子の傾向として、息切れしにくく、がんばれる子が多いそうです。ですが、男の子と違って急速に成績が伸びにくい傾向もあるとか。なので、持続力の強い女の子で現役合格を狙いたいなら、中1から通うほうがいいと思います。

対して男の子は、中1からだと息切れする子も出てしまうかもしれません。性格によりますが、うちの長男は中3の終わりから通塾をして、ぎりぎりすべりこみで医学部現役合格でした。それもグループ授業と個別授業の両方をとったから受かったものの、グループ授業だけでは合格は難しかったでしょうね。次男は長男の大変さを見ていたので、中2の夏に自ら塾に行きたいと言いだし、最後までグループ授業のみで終えました。

長男は現役合格できるか、できないかの瀬戸際でハラハラすることが多かったのですが、次男は早くから受験対策をしたおかげで、長男よりは比較的、安定していました。親としても安心でき、精神的にも最後まで落ちついていられました。

大手か、小規模かの塾選びは、子どもの性格によるでしょう。大手で成功できるタイプは、授業が終わったらダッシュで先生に質問をしに行けるような、積極性がある子どもが向いていますす。さらに自分でしっかり計画を立て、それを確実に実行できる子ども。人からとやかく言われるのが嫌な子は大手が向いているかもしれません。大手の塾は塾代も比較的安く、浪人した際は入学金不要という塾も多いとか。だからこの塾を選んだと言っていたお母さんがいらっしゃいましたが、P219でも前述したとおり、**最初から浪人すると考えるのはやめましょう。**子どもを信じていないことになり、我が子に対して失礼ですよ。

対して小規模な医学部塾は塾代が高いですが、合格率も高い。わからないところを先生に気づいてもらえ、至れり尽くせり、無駄のないカリキュラムを組んでもらえます。細やかなサポートをしてほしい子どもは、小規模な医学部塾が向いています。逆に先生からとやかく言われることが嫌いなお子さんは向かないかもしれません。

大学受験の塾は合格率等から厳選し、提案しました。

ですが、当初、長男はかたくなに「その塾には行きたくない」、と言っていました。でも中3

の冬、英語が学校で下から8番目に。長男から「塾に行くべき？」と言いだしたことをきっかけに入塾しました。無理やりではなく、納得させないとダメだと思い、塾の先生から本人に塾が嫌な理由を聞いてもらいました。すると、「その塾の中で自分が一番成績が低いから、ビリになるのが嫌」という理由でした。その理由も尊重して、初めは個別授業から始めたのです。

そこからは長男と塾の先生の懸《か》け橋に徹しました。悪い成績でも、学校行事の文化祭のリーダーなど、**息子がやりたいことがあれば塾の先生に私が交渉するなど、大学受験でも息子を全面応援する**姿勢をつらぬきました。家族旅行も高2まで行きました。遊ぶときはきっちり遊ぶ、何がなんでも味方である親子の絆とメリハリが大切なのです。

とはいえ、甘い気持ちでは受かることはできません。

国公立大医学部はとても狭き門で、超名門といわれる有名高校ですら合格率は低いです。何しろ全国の医学部は、私立・国公立あわせても約9000名しか合格枠がない。だからこそ最初から現役合格を狙っていかないと、「1浪したらなんとかなる」という甘い考えでは、ダメだと思っています。

次男は、高3ではたった1日しか遊んでいません。それも勉強の合間に少し運動施設に行っただけ。A判定が出ても、塾で毎晩23時まで勉強していました。長男・次男ふたりとも、天才肌ではないからこそです。人間これだけ勉強できるのかと思うほど、命がけのような努力をしていました。

何より大切なのは、本人ががんばれる「心」を持ち続けること。この集中力や、揺るがない精神力は、小さいころからの「ぺたほめ」が生み出した集大成だと思うのです。くどいかもしれませんが、それらを応援するためにお母さんは100%子どもの味方になって、塾の先生との懸《か》け橋に徹すること。『女優力』を忘れずに、です。

39 私立医大の莫大《ばくだい》な授業料

これは初めてする話ですが、本命の京都府立医科大学医学部医学科に受かる前、ふたりとも私立医大Aに特待生として合格しました。塾の先生から、試験がいきなり本命の大学だと緊張するからとすすめられて受けたものの、行かせるつもりはありませんでした。だって授業料、払えないですから。当時、私立医大Aの6年間の学費総額は3000万円以上でした（ちなみに京都府立医大は6年間で約350万円）。

合格通知には、入学金は本来400万円だけど、特待生だから100万円になると書いてありました。さらに、京都府立医大の合格発表前日までに入学金を納入しないと、その資格がなくなるとあります。100万円でも我が家にはありったけのお金ですし、第1志望に受かったら返ってこないお金になりますから、最初から全く払うつもりはありませんでした。

ですが長男のときは、結局、入学金を払うことになったのです。どうしてかというと、長男が、「一生のお願いがある。私立医大Aの入学金を払ってほしい」と泣いて頼みこんできたのです。予想だにしないお願いにびっくりして、「え？　入れたとしても学費払えないで」と伝えても、「京都府立医大は受かってないかもしれない。そして浪人したらきっともう死んでしまう。体が限界や」と、泣くばかり。泣かれても、ないお金は出てこない。そこで私立医大Aへ電話して相談したところ、入学後、成績がよかったら返さなくてもよい奨学金制度もあるとか。それを長男に話すと、「絶対に10番以内の成績をとるから」と言います。

「一生、借金で苦しむかもしれないよ。それに裕福な子が多い学校だから、みんなブランド物とかもいっぱい持ってるやろうし、貧富の差できっと嫌な思いもいっぱいするで」とまで言いましたが、「どうしても医者になりたい。それに来年は私立医大Aだって受からないと思う。もう体がもたないから。大学生になったらバイトでもなんでもするから、医者になったら借金返すから！」と、全く曲げない。結局、私が折れたのです。

入学金と諸経費などで約180万円、払いました。のちに約80万円は返ってきましたが100万円は返ってきません。学資保険に入っていたのでなんとかなりましたが、予想外の痛い出費でした。数日間、どこからどれだけお金を借りられるか、電話しまくりました。もし通うことになっていたら、借金まみれで大変だったことでしょう。そんな思ってもいない事態にもなるのが医学部受験。本当に覚悟がいります。

1浪したら命がなくなるかも、と長男が言ったのが本気だとわかるほど、見ていても命がけの受験勉強でした。そこまで本気で勉強したからこそ、本命に受かったのだと思います。ちなみにこのときの100万円は、長男が研修医になって以降、毎月返してもらっています（笑）。

息子ふたりに聞きました！

お母さんってどんな人？

〝ガミガミせず、ずっと家族仲良し〟を掲げている
藤田さんですが、ふたりの息子さんから見た
お母さんは本当のところ、どんな人なのでしょうか？
長男のがいとくんと、次男のけんごくんにホンネを
教えていただきました！

長男のがいとくん（左）と次男のけんごくん（右）、
著者の藤田さん（中央）。

？ お母さんがガミガミしなかったって本当？

がいとくん（以下Ⓖ）：あまりなかったですが、中学3年生で成績悪いのに勉強しなかったときは注意されました。でも朝になったら「おはよ～」と普通で拍子抜け。母の引きずらない性格に救われました。

けんごくん（以下Ⓚ）：ほぼないけど、危ないことをしたときには厳しく叱られましたね。信号無視とか、いつも優しい母から本気で怒られたので、本当にダメなこととよくわかり、心から気をつけようと思えました。

？ ずっと仲良しらしいけど、反抗期はなかったの？

Ⓖ：母自身が子どもみたいな性格で、なんでも笑ってすませてくれるので反抗期はなかったかなあ。

Ⓚ：距離が近いのはよいことでもあるのですが、思春期のころはべたべた近寄られるのが嫌だと思うこともありましたよ（笑）。

? お母さんの「スゴイ!」と思うところは?

G: 海外に行くと、英語はろくにしゃべれないのに根性と迫力の日本語で、なんとなく通じるんです。本人は「通じてるからいいやん」とへっちゃら。ツアーの食事時に「どなたか一緒に踊ってくださーい」と言われたら、100%手をあげて舞台で踊っています。小さいころから我が家では母が一番たくましいと笑っていました。

K: 本を出してテレビに出て有名人になると豪語していたのですが、実際にどちらも有言実行したことを素直に尊敬します。すぐに実行に移す行動力の高さと、並々ならぬ努力の結果だと思うので、見習っていきたいです。

? ココはプラスされたらよいな~と思うことは?

G: レストランなどの予約時間によく遅刻します。これはちょっと直した方がいいかなあと。

K: 説明書をちゃんと読める力があればよかったと思います。

? お母さんの好きだったところは?

G: なんでもたくさんほめてくれるのがうれしくて、がんばれたと思います。失敗したことを伝えても怒らなかったので、困ったことがあっても母に相談したらなんとかしてくれるって思っていました。

K: よくふたりで絵を描いたり工作をしたりしていました。なんなら母のほうが本気を出し、賞をとろうと一緒にやってくれました。僕がしたいと言ったことは否定せず、最大限に叶《かな》えようとしてくれるところがうれしかったです。

? お母さんの嫌いだったところは?

G: すごい方向音痴。車の運転中に道がわからなくなると、車の窓から顔を出し、その辺を歩いてる人に「すみませーん、どう行ったらいいのですか~」って大声で聞くので、恥ずかしくて嫌でした。

K: 旅行に行くとひたすら写真を撮り続けられるのが嫌で。同じような場所で何枚も撮る必要あるのか、といつも思っていました。

？ お母さんの子育て、ズバリ何点？

Ⓖ：95点！　小6で水泳選手に選ばれたときや、高校2年生で文化祭のリーダーをしたいと言ったとき、塾からは反対されたのに、母が「人生において大切なので家の方針でやらせます」と言ってくれました。やりたいことをいつも応援し味方になってくれたから、いろいろがんばれました。

Ⓚ：100点。母子家庭で厳しい環境だったにもかかわらず、大学まで行かせてくれたことにとても感謝しています。勉強だけでなくスポーツやイベントなどにも全力で取り組ませてもらえ、学生生活を楽しめたのも非常によかったです。

？ お母さんにひと言！

Ⓖ：自分が働きだして、仕事・家事・子育てをやることがとても大変だとよくわかりました。塾やテストでは必ず車で送迎してくれ、忙しくても最優先してくれたこと、感謝しています。無理をしすぎて、人間ドックに引っかかったりしているので、ちゃんと睡眠とって、食事にも気をつけて長生きしてほしいと思います。

Ⓚ：塾や学校の先生に怒られても、いつも味方でいてくれました。僕が悪かったら一緒にあやまってくれたし、体育祭の応援団長や文化祭のリーダーを塾の先生に猛反対されても、僕の意見を尊重して反論してくれました。おかげでどちらも最後までやり遂げられ、そのあとは勉強に集中できました。常に一番の味方でいてくれたことがとても心強くて、遊びにも勉強にも全力で取り組める環境を作ってくれたことに感謝しています。今までしっかり育ててくれてありがとうございます。自分の健康にも気を使って、長生きしてください。

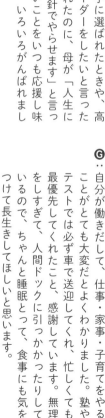

おわりに

今はコロナ禍。子育ても仕事もさらに大変なことと思います。でも、「子育て中にコロナなんて、私はなんてついてないんだろう」とマイナスに考えるのではなく、「おうち時間が増えて、『ママ塾』の時間が増えた！　なんてラッキー!!」と、前向きに考えられるお母さんになると、子どももきっと前向きな性格になりますよ。そして、このピンチをチャンスに変えられたら、きっと自信につながります。

みなさんもそうかもしれませんが、私も試行錯誤した子育てでした。悩んだこともありました。離婚という大きな困難もありました。

それらをすべて乗り越えられたのも息子たちがいてくれたからです。子育てができた人生を幸せだと思っています。みなさんは今、その幸せの真っただ中にいらっしゃるのです。大変な毎日かもしれませんが、今の私くらいの年齢になったら「幸せだったなあ」ときっと思えます。

いつもブログやメルマガ、SNSなどを読んでくださっているみなさん、その温かい応援があったからこそ書籍化できたと思っています。本当にありがとうございます。これからもみなさんのお役に立てる発信をがんばりますので、どうぞよろしくお願いいたします。

最後になりましたが、編集担当の佐藤華様、構成の谷崎八重様、執筆中の本当に心が折れそうになったときも励ましてくださり、ありがとうございました。息子たちへのインタビューも、読んで涙が出ました。素敵な本に仕上げていただき、心よりお礼を申し上げます。

「母親が変わればうまくいく」、私はいつもそう思っています。

本書をきっかけに、ひとりでも多くのお母さんと子どもの笑顔が増えることを心から願っています。読んでくださったみなさんに深い感謝をこめて。

藤田敦子

藤田敦子

ふじたあつこ

ぺたほめ医専アカデミー代表。日本心理学会認定心理士・日本心理学会正会員。同志社大学文学部心理学専攻卒業。ほめて認めるをモットーとした「ぺたほめ®教育法」で、息子２人を国公立大医学部現役合格に導いたシングルマザー。2018年「ぺたほめ医専アカデミー」を設立。小学３年生までの子どもの親を対象に「ぺたほめ本気塾」を開講。2019年『親もビックリ魔法の子育て術！「ぺたほめ」』（マガジンランド）刊行。2020年より『小学一年生』（小学館）にて連載。2021年より小学館web版「HugKum」連載。2022年には一般社団法人「日本ぺたほめ®アカデミー協会」設立、理事長に就任。教育虐待をなくすべく18歳までの親対象にセミナーなど活動中。

藤田敦子オフィシャルブログ
https://ameblo.jp/petahome/
インスタグラム　https://www.instagram.com/atsuko.fujita0912/

装幀・本文デザイン　城所　潤+関口新平（ジュン・キドコロ・デザイン）
編集　谷崎八重
イラスト　曽根　愛
編集協力　齋藤秀美

母親《ははおや》が変《か》わればうまくいく
第《だい》一志望校《しぼうこう》に合格《ごうかく》させた母親《ははおや》がやっている子《こ》育《そだ》て39

2021年10月20日　第1刷発行
2022年11月24日　第4刷発行

著者　藤田敦子《ふじたあつこ》
発行者　鈴木章一
発行所　株式会社講談社
〒112-8001 東京都文京区音羽2-12-21
電話　編集03-5395-3542
販売03-5395-3625
業務03-5395-3615
印刷　共同印刷株式会社
製本　株式会社国宝社

KODANSHA

ISBN978-4-06-525717-3 N.D.C.376 255p 19cm